EMILE-BAYARD

l'art
de reconnaître
les styles coloniaux
de la France

LIBRAIRIE GARNIER FRÈRES·PARIS

l'art

de reconnaître

les styles coloniaux

de la France

OUVRAGES DU MÊME AUTEUR

EN VENTE A LA LIBRAIRIE GARNIER FRÈRES

COLLECTION DES STYLES FRANÇAIS

L'Art de reconnaître les Styles
Le Style Renaissance
Le Style Louis XIII
Le Style Louis XIV
Les Styles Régence et Louis XV
Le Style Louis XVI
Le Style Empire
Le Style Moderne
Les Meubles rustiques régionaux de la France

COLLECTION DES STYLES ÉTRANGERS
(déjà parus)

Les Styles Flamand et Hollandais
Le Style Anglais
Le Style Japonais,

ETC.

ÉMILE-BAYARD

*Inspecteur Général de l'Enseignement Artistique et des Musées
au Ministère des Beaux-Arts*

l'art
de reconnaître
les styles coloniaux
de la France

OUVRAGE ORNÉ DE 203 GRAVURES

Préface du Maréchal Lyautey

PARIS
LIBRAIRIE GARNIER FRÈRES
6, RUE DES SAINTS-PÈRES, 6
1931

EN HOMMAGE DISTINGUÉ ET CORDIAL

à M. Henry BÉRENGER

Ambassadeur de France,
Sénateur de la Guadeloupe,
Vice-Président de la *Commission des Affaires Étrangères et de Politique générale des Protectorats.* au Sénat,
Président de la Société Coloniale des Artistes Français,
Président de la Commission des Beaux-Arts de *l'Exposition Coloniale Internationale de Paris* (1931).

E. — B.

PRÉFACE

Ce 26 septembre 1930.

Cher Monsieur,

Votre livre vient à son heure.

Grâce à vous le grand public, qui se pressera à l'Exposition Coloniale, pourra reconnaître et comprendre les architectures et les arts des peuples que nous avons la charge de guider.

Là où il ne voyait que confusion, bizarrerie ou pittoresque, il apprendra à distinguer des lignes géométriques, un travail savant, une culture, une civilisation, un style.

Qu'est-ce en effet qu'un style, sinon l'expression d'une suite de traditions séculaires où se définit le génie d'une race?

Votre leçon ne se borne pas à l'esthétique. Elle s'élève à la connaissance générale de l'homme, qu'il habite la côte méditerranéenne de l'Afrique ou l'Asie lointaine.

En l'aidant à le faire comprendre, vous aidez à le faire aimer et à le faire respecter dans ses croyances, dans ses institutions, dans ses œuvres, dans ses mœurs.

Et voilà la condition de toute politique coloniale.

Maréchal Lyautey.

LES STYLES COLONIAUX
DE LA FRANCE

CHAPITRE PREMIER

GÉNÉRALITÉS
SUR L'ART DANS L'AUTRE FRANCE

Rien ne laisse plus à penser que l'insondable. La nuit des siècles silhouette des fantômes particulièrement attirants, et c'est dans l'imprécision que la poésie nous hante. Corot ne comprenait la nature qu'enveloppée en ses brumes matinales et vespérales où ses paysages se devinent. L'imagination ne s'exalte point devant une forme arrêtée. Elle aime à restaurer une ligne, à achever un geste, à compléter une indication, enfin.

Or, il faut avouer que les mondes lointains présentent leur esthétique à nos yeux européens sous les auspices du mystère le plus favorable. C'est Lamartine qui a dit que la distance jetait un prestige sur les choses éloignées. Un art concret, non extériorisé, impassible à la vie, réfractaire, par conséquent, à certain progrès dans la vérité plastique, se nimbe, ainsi, en notre concept, avec une puissance que seul exploite l'irréel ou l'inconnu.

A la satiété des habiletés successives, des formules nettes, a succédé le goût des puérilités cédant à la logique de se reposer de certaine force traductive, oiseuse à la longue. C'est dans le charme indéfinissable plutôt que dans la beauté stricte que, de nos jours, l'opinion se réfugia.

Jamais donc, autant qu'aujourd'hui, l'art n'a été apprécié différemment par ses fidèles qu'en ses intentions qu'il ne lui vient jamais à l'idée de taxer d'impuissance.

La sensation d'art succède, dès lors, à l'analyse, et nous voici excessivement disposés à des enthousiasmes subordonnés à des impulsions intimes.

Mais, en abandonnant au snobisme l'empire de la raison affranchie des lois du savoir, nous nous rallierons à un style colonial objectivement émouvant, non sans avoir fait auparavant la part à la curiosité dans l'admiration souvent démesurée, — et en tout cas distribuée à tort et à travers, — qui célèbre l'inaccoutumance et la frénésie de l'exotisme.

Dans l'ordre des pâmoisons extrêmes, il faut classer l'art nègre (1) qui sévit dès que la pacotille le révéla à l'Europe, mais, avant de nous arrêter à la piquante fantaisie d'un art nègre choisi, nous devrons nous incliner devant l'originalité savante et voulue, devant souvent même l'exemple. Nous remonterons ainsi, initialement, à l'architecture qui est non seulement l'art par excellence parce qu'elle cumule tous les arts, mais encore la trace la plus vaillante des civilisations disparues.

Le goût des singulières et captivantes naïvetés d'un art primitif isolé, sa touchante personnalité ignorante ou invertébrée, au reste ne doit point l'emporter sur le fondement solide, sur le génie manifeste que les grands courants esthétiques, — devenus classiques, — ont propagé à travers le monde.

C'est la Grèce gravitant autour de l'Orient, — en Asie Mineure et en Perse, — puis de l'Occident, les colonies de la grande Grèce et le bassin tout entier de la Méditerranée.

C'est Rome couvrant le sol africain et européen de monuments grandioses dont elle tenait le modèle de la Grèce. Ce sont les arts de l'Inde et de la Chine engendrant l'art khmer, comme Byzance (qui cumula les influences grecque et romaine avec le charme violent de l'Orient) domina notre école romane périgourdine.

(1) A la minute, le vent tourne, et c'est l'art précolombien que l'on vient de découvrir...

C'est l'art musulman courant de la Perse à l'Égypte, de l'Égypte à l'Espagne, pour gagner l'Algérie, la Tunisie et le Maroc.

De telle sorte que nous suivrons plutôt le développement des civilisations au delà des mers, que nous ne vivrons en propre d'originalité. Il s'agit donc moins, ici, de lever un voile sur l'inconnu que de saluer des visages de connaissance, car ce sont les Romains que nous admirerons encore sous notre ciel colonial, avec les Arabes, tandis que l'Inde et la Chine nous apporteront en propre de la beauté nouvelle en mêlant leur propre beauté.

Aussi bien la maison arabe n'est que la maison romaine et, à défaut de sa décoration caractéristique, nous retournerions encore à la donnée classique qu'un Vignole ordonna...

Ce qui en revient à dire que les différents mondes n'ont eu qu'à subir, avec l'autorité du conquérant, son joug esthétique, et que si les peuples assujettis durent céder à la volonté dominatrice d'un art, ils ne le firent guère original qu'en l'adaptant à leurs propres goûts et mœurs, sous leur ciel autre.

La paillotte et le gourbi « sauvages », l'idole fruste, nous offriront donc seuls cette originalité dont notre sédentarité a soif, encore que cette originalité soit souvent sans autre caractère que la barbarie.

Admirons donc premièrement, dans nos colonies, les apports d'une civilisation étalée qui composent une beauté définitive, d'une altitude comme d'une variété impressionnante, avant de rêver de peuples autochtones. Mais encore le paysage différent a renouvelé l'ensemble des esthétiques d'importation, et, c'est derrière le temple de Minerve ou derrière la mosquée classique que l'on se récréera d'apercevoir, au cœur de l'oasis ou au fond de la brousse, l'inédit pittoresque de quelque village nègre.

Notre Afrique oppose à notre bovidé, bâti pour orner la fertilité de nos gras pâturages, son chameau, dont la sobriété correspond à la sécheresse du désert. Le cou de la girafe s'allonge pratiquement pour atteindre la cime seule verdoyante du palmier. A l'éléphant, dont l'architecture est tout un poème de massiveté, s'oppose la grâce de la gazelle, légèrement construite. De même que la fonction crée l'organe, le besoin de nourriture comme la boisson raréfiée dictent, sous le ciel torride, la forme de l'animal, son architecture spéciale, sa couleur : le lézard du désert est couleur de sable, de même que le chameau. Et l'éléphant, à l'écorce rude, semble faire partie intégrante avec la forêt vierge où il se fraie passage en arrachant les lianes oppressives, — si propices, en revanche, à la gent simiesque qui s'y balance, — avec sa trompe. L'architecture animale n'est pas moins adaptée au sol que la hutte et la case. Pareillement, l'oasis (fig. 75) met, picturalement, sa note d'ombre riante. Elle marque le lieu du repos visuel sur le tapis monotone du désert, tandis que le miroir d'un étang apporte, avec la préciosité de son reflet, la fraîcheur de son dessin. Il n'est pas jusqu'aux fruits spéciaux de nos colonies, nourrissants, qui ne se distinguent de la forme des nôtres, pour flatter d'autres goûts ou exhaler des parfums inédits lorsque les fleurs se cachent.

L'art de la nature exaltant celui des hommes, philosophiquement lui indiqua aussi, au bout de sa mer de sable, la ligne horizontale : la sérénité.

Grâce à quoi les surprises esthétiques ne manqueront point au lecteur, chacune de nos colonies portant en son sol, en sa flore et sa faune comme en sa race, l'inspiration qui varie la saveur et l'éloquence de la moindre création.

Si tant est que la distance jette un prestige sur les choses éloignées et qu'il ne faille pas s'étudier à trouver dans les ouvrages des anciens des beautés qu'ils n'ont pas prétendu y mettre, nous sommes néanmoins certain qu'en demeurant impartial nous éclairerons sur de pures magnificences.

Objectivons cependant, à propos de la composition des peuples que nous allons parcourir esthétiquement, le mélange inévitable des races. Le cyclone compte parmi les accidents plausibles qui obligèrent le navigateur étranger à chercher abri, puis à se fixer sur quelque terre hospitalière. De là à fonder famille et à s'allier !

La religion, encore, sous l'empire du missionnaire, apporta souvent, — comme par exemple à Madagascar l'architecture européenne du xviiie siècle ! — son influence déprimante pour l'originalité. Et Pondichéry — en plein Extrême-Orient ! — presque entièrement rasée après les guerres de la Compagnie des Indes qui se prolongèrent jusqu'au début du xixe siècle — fut rebâtie, lors de sa rétrocession à la France, en 1817, dans le goût aussi des petits palais de notre xviiie siècle.

Si des ruines, françaises encore, attestent à l'ancien Saint-Domingue, parmi le paysage haïtien étonné, notre féconde activité de colonisateurs aux xviie et xviiie siècles, tout près de nous, à Alger, la Djama-el-Djedid ou Mosquée Neuve, porte la blessure d'un Palais consulaire, vulgaire carré de maçonnerie, que l'on édifia à côté d'elle !

Du moins a-t-on ainsi profané la vue magnifique que cette mosquée de la Pêcherie offrait aux navires venant du lointain...

« O Moghreb sombre ! reste, bien longtemps encore, muré, impénétrable aux choses nouvelles, tourne bien le dos à l'Europe et immobilise-toi dans les choses passées. Dors bien longtemps et continue ton vieux rêve, afin qu'au moins il y ait un dernier pays où les hommes fassent leur prière... »

Mais, ce vœu fervent exprimé par Pierre Loti, au retour d'un voyage dans l'Empire des Chérifs, en 1889, a été comblé, du moins au Maroc où notre protectorat s'est affirmé respectueusement conservateur, après l'exemple de tant de dévastations impies.

Qui sait enfin ! sur quelle mousson le pollen s'envola pour amalgamer, abâtardir ou échanger les espèces humaines entre elles ! L'explorateur acheva de corrompre, en quelque sorte, l'idéal naturel où il importa ses idées, mœurs et goûts.

Ce sont les religions différentes qui ont ordonné les lignes et formes de l'architecture, sinon les expressions d'art tout entières. La cathédrale est née du catholicisme comme la mosquée, de la foi musulmane, comme la pagode des contrées d'Extrême-Orient, du bouddhisme. C'est au culte de Çiva et de Vichnou, mêlé d'un peu de bouddhisme, que l'art khmer doit sa teneur merveilleuse.

Le plan des basiliques grecques n'est point pareil à celui des basiliques latines. A la couverture hémisphérique des chrétiens d'Occident, le goût byzantin d'Orient substitua des dômes. Aucune trace d'art, aussi bien, ne transparaît chez les Arabes avant leur conversion à la religion de Mahomet. Et, la diversité plus ou moins marquée des cultes, ainsi que l'interprétation dissemblable de la piété chez les peuples, sous d'autres latitudes, nous vaut cette récréation esthétique qui nous charme de variété.

Récréation esthétique dont les colonies de la France offrent un choix incomparable sous des nuances de ciel les plus diverses. Lorsque l'art enfanté par les hommes, n'y éblouit pas, c'est qu'il a été réduit au silence par le chef-d'œuvre de la nature. Toutes les races se rencontrent en notre autre France comme tous les arts y communient dans des décors étonnants auxquels contribuent une flore et une faune édéniques !

Des arts les plus anciens aux arts renaissants, notre imagination se berce, à moins qu'elle ne s'abandonne au rassasiement béat.

Il faut visiter nos colonies pour mieux aimer la France sans vain nationalisme, pour mieux aimer son Art, pour mieux aimer la Vie.

Ne résistons pas à la réalisation unanime de nos rêves. Tous les mondes, à l'unisson, nous convient chez nous, à travers toutes les nuances de soleil.

Du noir au blanc jusqu'au jaune, les visages nous accueilleront, de la pagode à la mosquée. La poussière du désert ne nous cachera point la poudre d'or dormant au couchant sur la majesté des ruines, et les tissus rares croiseront dans notre vision éblouie, avec les fières hardes, comme défileront les monuments fastueux et le plus modeste abri sous nos yeux extasiés.

Tantôt nous séduira l'espace aride, tantôt l'opulente cité d'où le parfum violent d'une flore fantastique émanera. Mais la forêt vierge, dévoilant son mystère inextricable, porte en elle encore d'autres attirances, ainsi que la jungle où hantent les fauves. Mais, sous la soie et les pierreries, la princesse lointaine n'est pas plus suggestive que la Vénus noire dévêtue, et l'idole grossière garde sa saveur à côté de la statue.

Or, tous ces curiosités et charmes sont à nos pieds. Nos colonies versent tour à tour la sérénité et le trouble, elles dispensent les caresses les plus harmonieuses et les plus heurtées d'une nature capricieusement agréable, belle ou pittoresque. Du calme d'un lac au tumulte de la mer, notre autre France module l'émoi et, à la volupté variée des spectacles féeriques qu'elle présente, correspond le goût satisfait du suc d'un fruit inédit ou de la ligne imprévue d'une faune inconnue.

Nous envisagerons maintenant, afin d'atteindre pratiquement notre but d'investigation esthétique à travers nos colonies, quatre grandes classifications :

1º *L'art africain :* a. *Afrique du nord ;* b. *Afrique occidentale et centrale ;* c. *Madagascar.*

2º *L'art asiatique ;*

3º *L'art océanien ;*

4º *L'art américain.*

CHAPITRE II

L'ART AFRICAIN :
ALGÉRIE, MAROC ET TUNISIE

Pour avoir fondé un empire aussi vaste que l'empire romain dans leurs fureurs guerrières et religieuses d'envahisseurs et de conquérants, les successeurs immédiats de Mahomet : les Arabes, ont laissé, dans la plus grande partie de l'Asie Mineure, de la Syrie et de l'Égypte qu'ils avaient conquis, des traces somptueuses de leur art.

Cependant, ils avaient emprunté à l'école byzantine les principaux éléments de leur système architectonique ainsi qu'à la Perse et à la Grèce, avant d'aboutir à leur expression originale. De la lumière hellénique, les Arabes tenaient une connaissance des lettres et des sciences grâce auxquelles ils durent leur civilisation très avancée en Afrique, en Asie et en Espagne, tandis que l'Occident demeurait dans les ténèbres de la barbarie.

Au vrai, si l'on en est réduit aux conjectures relativement aux tribus nomades, aux mœurs différentes, qui composaient l'Arabie, dans le passé, et, si les villes où les anciens Arabes habitaient ont totalement disparu, tout au moins demeure-t-il des témoignages éloquents d'un art *musulman*, c'est-à-dire d'un art dont l'originalité essentielle remonte à la conversion des Arabes à la religion de Mahomet. Nous nous bornerons donc à célébrer l'art musulman, en imputant déjà la base de sa personnalité décorative aux préceptes du Coran qui, interdisant la reproduction des êtres animés, firent dévier l'imagination arabe dans l'arabesque. Déviation somptueuse, au reste, source d'une riche combinaison ornementale de figures géométriques mêlées à des fleurs et à des fleurons, à des feuillages associés à des caractères arabes, avec un rare bonheur; mode décoratif que nous apprécierons d'ailleurs encore, en Indochine.

D'autre part, indépendamment du veto de Mahomet, l'absence de modèles de formes dans la vacuité désertique et tropicale, ne favorisait point l'essor de la sculpture. Le bronze vivant de leur corps, brûlé par le soleil, suffisant encore au caractère nomade des Arabes en matière de statuaire, conformément à leur pensée calme harmonisée avec la ligne horizontale de leur sol.

Il semble même que le décor essentiellement géométrique des Arabes corresponde autant à l'aridité de leur paysage, pour sa sugges'ion végétale limitée qu'à ce besoin d'uniformité réclamé par les divers ciels sous lesquels ils œuvraient.

Car, en Perse comme en Égypte et en Espagne, de même qu'en Algérie, au Maroc, en Tunisie et en Tripolitaine, les Arabes importeront invariablement leur esthétique, sans s'émouvoir du site différemment inspirateur. Peut-être faut-il voir encore, dans la placidité décorative des Arabes, dans son uniformité géométrique, la préférence du goût oriental pour l'immobilité plastique.

Néanmoins, les gravures rupestres que l'on considère avec intérêt en Algérie, dans le Sud-Oranais, à Djatton, notamment, nous éclairent sur un art préhistorique qui pourrait bien marquer, avec un souvenir de l'Égypte, l'aurore de l'art en Algérie.

Le bélier casqué, du col de Zenega, qu'un disque solaire rayonnant auréole, évoque singulièrement le dieu égyptien à tête de bélier, le Jupiter Ammon de l'antiquité classique. D'ailleurs, ces gravures dans le grès s'inspirent d'une naïveté fatalement suggestive de toutes autres naïvetés, et, les autruches et les bœufs, et, les girafes et les éléphants (disparus de l'Afrique du Nord depuis Carthage) de Djatton, partagent plutôt avec les autres animaux figurant dans les « pierres écrites » de Tiout (fig. 1), à Aïn-Sefra, une curiosité primitive moins éprise d'esthétique que d'archéologie.

Point de figure humaine, toutefois, et, en matière de statues, ce ne sont pas les lions informes de la fontaine de l'Alhambra, qui, avec quelques débris épars çà et là, nous édifieront sur un art plastique résolu. Au reste, l'extrême rareté des statues arabes n'ayant d'égale que celle de leurs tableaux. En revanche, les inscriptions « tifnars », dans le Hoggar, et celles du Mouydir, également dans le Sahara, émanant des Touareg, s'inspirent des extrémités humaines. Les Touareg, du moins, gravent sur la roche (témoin celle de Tiratimine), les contours de leurs pieds (deux par deux) et ceux de leur compagne, qu'ils font suivre de leurs noms.

Avant de parcourir l'art arabe dans nos colonies de l'Afrique du Nord — indépendamment d'une visite indispensable à Grenade où l'Alhambra profile sa typique beauté — nous énumérerons les ruines romaines qui jonchent superbement nos possessions.

Voici, en Algérie, Timgad (Thamugadi), entre Batna et Tébessa, qui mérita le nom de « Pompéi africaine », par la variété et l'intérêt de ses témoignages de la prospérité romaine en Afrique. Voici Lambèse, avec ses thermes, arcs de triomphe, temples et aqueducs, si parfaitement conservés. Voici les captivants remparts, tombeaux et mosaïques de Ténès et de Hippone, près de Bône. Voici Sétif, le tombeau des Lollius. Voici Philippeville (ancienne station romaine de *Rusicada*), et Miliana, et Bougie, et Aumale (joliment dénommée le rempart des gazelles), et Cherchell (appelée *Caesarea*, en l'honneur de Jules César, par Juba II). Voici Tipaza et Média, la basilique et le temple de Tébessa.

Cette énumération de lointains chefs-d'œuvre se continue par les ruines de Djemila, de Khamissa, de Madaure et de Tighzirt.

Constantine, la très antique Cirta, détruite au IIIe siècle par les barbares africains et rebâtie au IVe siècle par l'empereur Constantin, remémore, enfin, la vieille cité numide, de même que l'antique cité maure de Baba-Aroudj et de Kheïr-el-Dine nous est conservée à Alger, en plein quartier européen moderne, avec ses rues étroites et le mystère de ses maisons du XVIe siècle.

Fig. 1. — ALGÉRIE. *Gravure rupestre de Tiout.*

Sans compter que la blanche mosquée de la Pêcherie ne se

détache pas moins dépaysée sur les bâtisses sans caractère que

Fig. 2. — ALGÉRIE. *Port barbaresque et mosquée de la Pêcherie* (XVIe siècle), à Alger, d'après une gravure. (Photo Office gouv. gén. de l'Algérie.)

notre civilisation planta ! Qu'elle était donc superbe autrefois. dans son noble isolement ! (fig. 2.)

Au Maroc, voici les ruines romaines de Volubilis (fig. 3 et 4), dont s'enorgueillit Meknès : la basilique majestueuse, encadrée

Fig. 3. — MAROC. *Ruines romaines de Volubilis.*
Cliché Ch. Mourey.

de portiques et terminée par une abside; le forum, où un socle, notamment, regrette la statue disparue de Marcus Valerius

Fig. 4. — MAROC. *Ruines romaines de Volubilis.*
Cliché Ch. Monrey.

Severus; l'arc de triomphe de Caracalla; la « maison aux colonnes », avec son bassin, ses colonnes et ses mosaïques; la

« maison aux Chiens » parmi des boutiques, avec son atrium et

Fig. 5. — TUNISIE. Temple de Cœlestis, à Dougga (ruine romaine). Photo Office gouv. tunisien Cliché Soler.

son *tablinum* ou riche pièce d'apparat; sans oublier des fragments de voies dallées, des fresques, etc. Au résumé, un magnifique ensemble constituant encore un « Pompéi marocain ».

Pourtant, l'éloignement du Maroc, des civilisations anciennes, l'a tenu à l'écart, davantage que l'Algérie et la Tunisie, des

Photo Office gouv. tunisien.
Fig. 6. — TUNISIE. *Mausolée de Dougga*.

nombreux témoignages de l'antiquité, d'où son originalité sur laquelle nous nous étendrons plus loin.

En Tunisie (pays de protectorat français), les traces de la

civilisation romaine sont innombrables en tant qu'habitations, villages, villes et hydraulique.

Citons entre autres : les ruines de Dougga, près de Teboursouk, où l'on remarque le merveilleux temple du Capitole dont la pierre jaunie du fronton, dominant la cité évanouie, offre au crépuscule de si admirables couleurs ! Le temple de Cœlestis (fig. 5), merveille de grâce et d'élégance ! Le gracieux mausolée (fig. 6) ! Le théâtre, surtout, parfaitement conservé ! L'amphi-

Photo Office gouv. tunisien.

Fig. 7. — TUNISIE. *Les trois grâces et les quatre saisons*, bas-relief romain (musée du Bardo).

théâtre d'El Djem (entre Sousse et Sfax), plus complet, plus saisissant d'aspect, semble-t-il, que le Colisée de Rome, qui domine la région, à 30 kilomètres à la ronde (fig. 8) !

Carthage, des ruines de ruines hélas ! où l'amphithéâtre, le cirque, se devinent seulement ! Et puis, ce sont l'aqueduc de Zaghouan, d'une longueur de 90 kilomètres, à Carthage encore, quasi intact, en revanche ; le barrage romain de Kasserine, la maison romaine de Bulla Regia (Souk-El-Arba), la nymphée de Zaghouan, le mausolée tétrastyle d'Haïdra, les arcs de triomphe de Mactar, de Sbeitla (fig. 12), etc.

Nous laisserons enfin, de côté, la Tripolitaine, pour noter, en Algérie, les portes triomphales (fig. 9), le marché, l'amphithéâtre (fig. 10), le capitole, le forum de Timgad, près de Batna.

S'il est certain que les Arabes firent appel à des artistes grecs pour construire des mosquées, après avoir sacrifié au culte

L'ART AFRICAIN : ALGÉRIE, MAROC ET TUNISIE 19

de l'islamisme dans un certain nombre d'églises relevant du goût
byzantin, il s'avère non moins qu'ils empruntèrent aux édifices

Fig. 8. — TUNISIE. Amphithéâtre d'El Djem (ruines romaines).
Photo Office gouv. tunisien. Cliché Soler.

antiques grecs et romains, notamment les colonnes qui soutiennent les plafonds et les dômes de leurs plus anciennes mosquées.
On remarquera, par exemple, les chapiteaux corinthiens qui

coiffent les colonnes de la *Mosquée du Barbier* (fig. 27), à Kai-

Fig. 9. — ALGÉRIE. Arc de Triomphe de Timgad (ruines romaines).
Photo Office gouv. gén. de l'Algérie.

rouan. D'ailleurs, indépendamment de son chapiteau spécial, cubique à la façon byzantine mais décoré d'arabesques, nous verrons que l'art musulman, même en Espagne et au Maroc

Fig. 10. — ALGÉRIE. Amphithéâtre de Timgad.

où son originalité est des plus caractéristiques, use volontiers du chapiteau corinthien.

D'autre part, les ruines de Carthage, notamment, révèlent toute l'étendue du vandalisme ancien et moderne qui s'acharna contre le souvenir romain, jusqu'aux belles œuvres d'hydraulique laissées à l'abandon.

C'est ainsi que les Arabes ont pris les pierres des plus magni-

Photo Office gouv. tunisien.

Fig. 11. — TUNISIE. *Triomphe de Bacchus,* mosaïque romaine (musée de Sousse).

fiques monuments romains pour en bâtir parfois leurs maisons, et que, dans les régions fertiles de l'Afrique du Nord, des morceaux de beauté gisent épars dans les champs.

Mais, nous n'avons point ici à rêver sur le rayonnement de l'art grec à son apogée, aux alentours et à travers le monde, et le pillage des chefs-d'œuvre de l'art grec, ainsi que l'imitation des ordres d'architecture qu'il établit, par les Romains, nous ramène plutôt à juger ces derniers comme des ingénieurs extraordinaires que comme des architectes, tant leur souci de l'utilité l'emporte chez eux sur l'idéal constructif des Grecs. Nos gravures, au surplus, renseigneront sur cette architecture classique transfé-

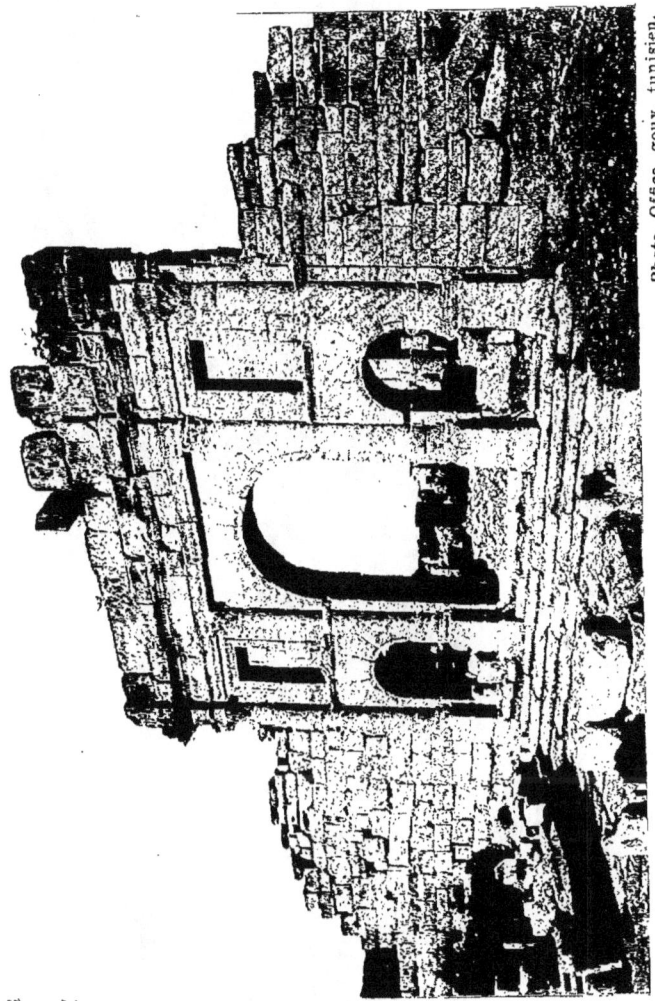

Fig. 12. — TUNISIE. Grand arc de triomphe romain de Sbeitla.
Photo Office gouv. tunisien.

rée sous d'autres cieux, qui, par le canal de Vignole, au joug obsédant, a pesé généralement sur l'inspiration monumentale au point que nos jours ont encore la plus grande peine à s'en affranchir.

Fig. 13. — ALGÉRIE. Tombeau de la Chrétienne.
Photo Office gouv. gén. de l'Algérie.

Pour nous en tenir à notre objet, nous retiendrons donc

l'étonnant débordement de l'art romain sur le sol africain (et européen) attesté par d'admirables monuments plus ou moins ruinés, et auparavant, le « Tombeau de la Chrétienne » (fig. 13), de style gréco-punique, monument construit par le roi Juba II, prince de Césaréa ou Cherchell (mort l'an 23 de J.-C.), non loin de cette ville, affirme la présence des Numides en Algérie, de même que le « Médrassen » (de même style), sépulture de Masinissa (?), au nord-est de Batna.

Toutefois, le premier de ces monuments, de moindre proportion, ne frappe guère que par la masse énorme de son cylindre surmonté d'un cône à gradins... ou de pierres entassées (64 mètres de diamètre à la base et environ 30 mètres de hauteur).

Même impression du second.

Puis, abandonnant ces monuments gigantesques, comparables, avec leurs vastes souterrains, aux hypogées d'Égypte, et, sans revenir sur les traces nombreuses que l'art byzantin laissa dans notre seconde France, nous noterons celles de l'art chrétien (fig. 14).

Et, d'ailleurs, ce furent des esclaves chrétiens (ou des ouvriers kabyles?) qui s'employèrent pour les Turcs à construire, avec des matériaux européens, la forteresse de la Kasba et du quartier de l'Amirauté, ainsi que la mosquée hanéfite d'Alger, parmi tant d'autres arsenaux, palais et fontaines, que seuls des vestiges et des inscriptions rappellent aujourd'hui.

Bref, en art tout s'enchaîne, et, de la Grèce à Rome, — la Grèce elle-même ne tenait-elle point le chapiteau et la colonne, de l'Égypte? — en passant par la civilisation byzantine qui mélangea richement la Grèce et Rome avec le goût oriental, nous en revenons à l'art arabe ou musulman.

L'art arabe se manifeste dans les colonies françaises de l'Afrique du Nord, en *Algérie*, au *Maroc*, en *Tunisie* (ces deux derniers pays placés sous le protectorat français) et en Tripolitaine (colonie italienne dont nous n'avons point à parler ici).

Il s'avère peu de différences dans les expressions de l'art arabe entre ces divers territoires, d'ailleurs sensiblement sous la même latitude, ce qui ne fut point sans exercer sur le costume, les mœurs et l'esthétique une influence particulière. Cependant, au fur et à mesure que l'on s'avance de l'est à l'ouest, de la Tripolitaine au Maroc, l'art apparaît davantage délicat et subtil, et, plus on se rapproche de l'Espagne, plus le

Photo Office gouv. gén. de l'Algérie.

Fig. 14. — ALGÉRIE. *Mosaïque antique de la basilique chrétienne de Matifou* (environs d'Alger).

style arabe s'inspire de celui de l'Andalousie. Or, on a prétendu que ce furent des artistes venus des provinces d'Andalousie qui enseignèrent aux Arabes l'expression la plus magnifique et originale de cette architecture musulmane située en Espagne, dégagée enfin des influences byzantine et grecque.

Et, pour les anciens auteurs, ce furent encore des architectes andalous qui élevèrent à Rabat, à Fez, à Mansoura, à Kairouan, de somptueux monuments analogues à ceux de l'Espagne.

En serrant davantage le chapitre des impressions esthétiques reçues par nos colonies de l'Afrique du Nord, nous reviendrons, cependant, à notre allusion précédente, relative non seulement à la contamination moindre du Maroc, grâce à son isolement, mais encore à l'exemple que le Maroc pourrait bien avoir donné d'une architecture musulmane avantageuse.

C'est à son isolement, en effet, que l'art musulman national du Maroc doit d'avoir « échappé, ainsi que le dit si bien M. M. Zimmerman *(Paysages et villes du Maroc)*, à cet italianisme bâtard qui se manifeste dans tous les monuments de l'Algérie et de la Tunisie ».

Moins que l'Algérie, le Maroc, encore, résista aux influences turques et, si l'Espagne, sa voisine, partage sa grandeur esthétique, il faut s'incliner devant l'exemple magistral des monuments de Tlemcen, ancienne capitale musulmane.

Palais, médersas, mosquées, tombeaux sacrés de Tlemcen (Algérie), datent du temps où l'empire du Maroc s'étendait sur ce sol, et, l'observateur hésite, comme l'Histoire, devant le problème troublant de l'art arabe dérivant (plutôt que de l'Espagne) de la tradition artistique et décorative des Almohades, ininterrompue au Maroc. Aussi bien estime-t-on qu'il faille aller au Caire — où l'art arabe résume la période de l'art musulman la plus féconde — pour trouver l'équivalent des plus beaux monuments de l'Andalousie et du Maroc.

Nous ouvrirons ici une parenthèse, relativement au style arabe du Maroc, afin d'établir, — suivant les plus récentes conjectures, — la valeur et la parité d'une expression d'art musulman dont le Maroc semble avoir eu l'initiative d'originalité.

Du moins, le style arabe est, au Maroc, d'essence *maroco-mauresque*, c'est-à-dire qu'il se situe sur le même plan que l'*hispano-mauresque*. Car, aux XIe, XIIe et XIIIe siècles, le vaste empire du Maroc était sur le pied d'égalité avec les califats d'Espagne lorsque même, parfois, il ne régnait point souverainement.

Nous en trouvons la preuve dans la tour Hassane (fig. 15), dans la Koutoubia et la Giralda de Séville dues très vraisemblablement au même architecte d'Espagne ou du Maroc, monuments antérieurs à l'Alhambra, et dont les sculptures de pierre rejoignent la splendeur du célèbre joyau de Grenade.

Cliché Ch. Mourey.
Fig. 15. — Maroc. *La tour Hassane, à Rabat.*

D'autre part, la mosquée de Sidi-bel-Hassene (fig. 16), à Tlemcen, construite en 1297, a précédé les chefs-d'œuvre de Fez, de même que le minaret de Mansoura, dans le Nord-Oranais.

Nous sommes, en tout cas, avec M. P. Champion, lorsqu'il estime, dans *Le Maroc et ses villes d'art*, « qu'il y a eu unité entre l'Espagne et le Maroc avant son isolement du XVIe siècle », que « la Koutoubia, la tour Hassane, la Giralda sont trois robustes sœurs », et que « les médersas de Fez, l'alcazar de Séville et l'alhambra de Grenade, sans présenter absolument la même technique, offrent les mêmes motifs, la même valeur artistique ».

D'ailleurs, le style *maroco-mauresque*, florissant sous les Mérinides, s'apparente d'autant au style *hispano-mauresque*, que l'Espagne avait mandé d'Afrique des travailleurs maures pour présider à ses constructions.

Au surplus, le style marocain, dont nous avons indiqué des traces brillantes en Algérie, à Tlemcen (autrefois ville marocaine), dominerait l'art musulman parce qu'il dépend, en fait, de l'unique empire de l'Afrique du Nord pourvu de grands chefs.

Le style marocain, certainement enfin, répétons-le, n'a point comme l'Algérie et la Tunisie subi les influences turque, espagnole et italienne, d'où résulte sa pureté que ne sauraient altérer deux éléments d'influence, au reste presque distincts : l'un d'origine berbère, l'autre arabe.

Tandis que le Berbère hante les pays montagneux, construit, par exemple, les grandes kasbas du sud et confectionne des tapis, tissus, poteries, bois sculptés, fer forgé, nattes, broderies et travaux en cuir ayant une saveur propre, l'Arabe occupe la ville et la plaine où il élève des monuments civils et religieux, s'adonnant, d'autre part, à la ciselure sur plâtre et sur bois (qu'il peint aussi), à l'exécution des « zéliges » (mosaïque de céramique), ainsi qu'à des faïences, broderies, reliures et armes, qui gardent un cachet spécial.

Peu ou point donc de mélange entre les deux manifestations esthétiques, chacune des villes arabes tenant à la caractéristique de ses broderies et tapis, comme chacune des tribus berbères, pour ses tapis notamment, où l'on ne voit guère que leurs points noués associés au tissage arabe dans la confection des tapis de Salé, dits « hambils ».

Quant à la différence entre le style arabe et le style berbère, sans doute pourrait-on distinguer le premier aux arabesques dont il se pare, et le second à ses dessins géométriques.

Pour ajouter au chapitre des influences étrangères dans notre Afrique du Nord, les Espagnols ont laissé à Oran la porte

Photo Office gouv. gén. de l'Algérie.
Fig. 16. — ALGÉRIE. *Mosquée de Sidi-bel-Hassene, à Tlemcen.*

Ximénès (fig. 17) dont les écussons, brillamment composés, marquent leur séjour aux XVIe et XVIIe siècles. Mais, si les Andalous ne sont pour rien dans cette décoration, la trace de l'art de ces réfugiés s'affirme dans certains détails ornementaux de la rue des Andalous, à Tunis, de même que l'apport

Photo Office gouv. gén. de l'Algérie.
Fig. 17. — ALGÉRIE. *Porte Ximénès, à Oran* (XVIe siècle).

byzantin est incontestable dans le parti pris des marbres noirs

Photo Office gouv. gén. de l'Algérie.

Fig. 18. — ALGÉRIE. *Rue de la Kasba, à Alger.*

et blancs alternés qui parent les claveaux de l'ancien palais beylical de la même ville. D'autre part, si la citadelle fortifiée, par les Portugais, à Mazagan (Maroc), de 1502 à 1769, ne s'affranchit point du modèle de Vauban, en revanche, le style italo-turc qui brilla en Tunisie au XVIIIe siècle, est représenté caractéristiquement par la porte de France (ancienne « porte de la mer »), à Tunis, tandis que la rangée de lions qui accompagne les degrés de l'escalier de son palais du Bardo, est d'un goût très italien.

L'influence turque sera aussi déterminée par l'introduction du motif à coupole (en Algérie et en Tunisie, notamment). Exemple : la mosquée de Sidi Mahrès, à Tunis, datant du début du XVIIIe siècle.

Quelques anciennes coupoles étaient côtelées comme la moderne mosquée des Sabres, à Kairouan.

De l'architecture turco-mauresque, enfin, relève le palais du dernier bey de Constantine : Hadj-Ahmed (fig. 39), ainsi que celui de l'Archevêché, à Alger, tandis que le style arabo-berbère est représenté par les manoirs féodaux des grands caïds de l'Atlas, entre autres celui de Telouet (Dar Glaoui), au Maroc.

Nous aborderons maintenant les caractéristiques générales de l'architecture arabe, non sans avoir discerné, au préalable, les étapes de cette architecture qui se résument en un style *arabe-mauresque*, ou de transition entre le style *arabe-byzantin*, remontant aux XIe et XIIe siècles, et le *style musulman* proprement dit, dont l'expression originale se fixe en Espagne — sous les réserves que nous avons faites — au XIIIe siècle.

Avant d'envisager l'architecture monumentale, nous jetterons un coup d'œil sur la construction pittoresque.

Les vieilles rues d'Alger (fig. 18), en escalade, si étroites que leurs encorbellements respectifs se touchent, déjà nous enchantent, et aussi les venelles gracieusement reliées par des arcades, de Fez, non moins que, dans l'ordre naturel, la palmeraie et l'oasis, qui sont de la fraîcheur verte, du cristal qui coule, parmi le sable brûlant.

Puis, voici en Algérie, encore, les cent mille coupoles d'El

Oued évoquant quelque vaste taupinière, tandis que se profilent des villages kabyles, aux frontons triangulaires coiffés de tuiles creuses.

Photo Office gouv. gén. de l'Algérie.
Fig. 19. — TUNISIE. *Maisons à Médenine.*

La vision des maisons étroitement juxtaposées de Médenine (Tunisie), avec leurs voûtes ondulées (fig. 19), est aussi inoubliable que ces demeures à étages, dans la même ville, où l'on accède par des degrés faits de simples pierres émergeant à distance inégale du mur.

Fig. 20. — TUNISIE. *Vue panoramique de Tozeur.*

Avec les villages troglodytes de Chenini et de Douïrat (Tunisie), taillés dans une montagne de roc et auxquels — à la façon de nos plus modernes garages automobiles ! — mènent de bas en haut

Photo Office gouv. tunisien. Cliché Soler.
Fig. 21. — TUNISIE. *Maisons à Tozeur.*

des routes circulaires, notre curiosité s'éveille d'autre part. Et les villages de l'Aurès (Algérie), qui sont comme de grands nids disposés au sommet de rochers à pic d'où ils défient l'ennemi, ne sont pas moins intéressants que certaines maisons de Tozeur, en Tunisie (fig. 21), dont le décor de briques est tout une trouvaille d'agrément.

Dans le domaine de l'inspiration qui se répète (nous avons vu plus haut que nos garages d'automobiles n'innovaient rien), enregistrons encore la rencontre du décor de briques noté précédemment à l'ancienne Tozeur, avec celui d'une belle construction parisienne récente *(l'Institut d'art et d'archéologie)* !

Mais, au fait, les dessins du « trench-coat » que la mode anglaise

Fig. 22. — TUNISIE. *Vue générale de Tunis
et minaret de la grande mosquée.*

nous impose actuellement, ne sont-ils point du plus pur marocain?

ARCHITECTURE MONUMENTALE. — Caractéristiques générales : nudité de l'édifice à l'extérieur, luxe et profusion à l'intérieur. Originalité relevant principalement du détail. Nous avons vu que l'interdiction par la religion mahométane de la reproduction des êtres animés contraignit les Arabes d'adopter une décoration abstraite (arabesques), singulièrement harmonisée avec leur écriture, nous ajouterons que cette décoration éclatante s'inspire des beaux tapis de l'Inde et de la Perse.

Chapiteaux (sur colonnettes à bases évasées, annelées, etc...), imités soit du chapiteau corinthien allongé, dégénérescent, soit surmontés d'un dé cubique de souvenir byzantin, mais très particulier par ses profils capricieux autant que grâce à l'esprit des arabesques qui l'incrustent ou le peignent. Arcades et fenêtres en plein cintre, en fer à cheval ou en ogive simple ou géminée.

Arcades en pierres appareillées ou en pierres blanches et en briques rouges de deux couleurs, souvent saillantes. Coupoles surbaissées, elliptiques ou bulbeuses, sur *pendentifs*, c'est-à-dire supportées par quatre grands arcs formant quatre pendentifs. Petite niches en pendentifs, c'est-à-dire superposées, et dont la combinaison multipliée leur a valu le nom de *stalactites*, faisant l'effet d'une ruche d'abeilles.

Toitures en terrasses, *minarets* (fig. 22) ou tours accessoires des mosquées, munies de balcons d'où le « muezzin » appelle les fidèles à la prière; *moucharabiehs* ou fenêtres grillagées, garnies d'élégants balcons accompagnant les appartements de la femme arabe qui donnent sur la rue, à l'étage supérieur de la maison. Si l'on joint à ces caractéristiques d'ensemble le bannissement presque général des moulures, dû à l'emploi des matériaux de construction (plutôt des cailloux noyés dans le béton que de la pierre de taille ou des moellons), on peut se figurer déjà — nos gravures aidant — le style musulman en ses éléments primordiaux. Toutefois faut-il encore imaginer la parure rutilante des revêtements en pierres diverses, en stuc, en faïence ou en brique émaillée qui, d'accord avec les plafonds (en bois le plus souvent), constitués quelquefois par des séries de petites coupoles, ou rehaussés, ainsi que les ornements intérieurs, de couleurs plutôt bleues, rouges et or, contrastent somptueusement avec la nudité et la monotonie extérieures. Partout des brisures, des découpures, des ressauts. Toutes les surfaces planes s'insurgent contre la monotonie, et, de même que la ligne droite répugne à la fantaisie musulmane, on cherchera vainement un coin de

Fig. 23. — TUNISIE. *Mosquée de Djerba.*
Photo Office gouv. tunisien. Cliché Soler.

repos pour l'œil parmi ces réseaux géométriques hallucinants, parmi la flore d'arabesques qu'elle prodigue étonnamment.

Nous parlerons maintenant de la *mosquée*, particulièrement représentative de l'architecture arabe.

Cliché Ch. Mourey.
Fig. 24. — MAROC. *Mosquée d'Oudjda.*

La *mosquée* (fig. 23, 24, 25, etc.), ou maison sacrée des musulmans, est couverte ou découverte. De plan variable, elle occupe un bâtiment quelconque dans les centres peu importants et devient, au contraire, un édifice somptueux dans les grandes villes. Au centre de la mosquée : une vaste cour (*patio*) entourée

Photo Office gouv. gén. de l'Algérie.
Fig. 25. — ALGÉRIE. *Cour de la grande mosquée d'Alger.*

de portiques et souvent ombragée d'arbres, en plein milieu de laquelle se trouve une fontaine pour les ablutions rituelles.

Photo Office gouv. gén. de l'Algérie.
Fig. 26. — ALGÉRIE. « *Mihrab* » *de la grande mosquée d'Alger*.

Flanquant l'édifice : les *minarets*. Point d'autre décoration, à l'intérieur, que des tapis, des lustres (quelquefois), une chaire à prêcher (point d'autel), et le *mihrab* (fig. 26 et 27), sorte de niche voûtée et orientée vers la ville sainte.

Cliché Rhoné.
Fig. 27. — Maroc. *Décoration du « mihrab » de la médersa Cherratine, à Fez.*

Du " mihrab ", l'*iman*, ou chef de la prière, guide le regard des fidèles vers le point situant géographiquement La Mecque.

44   LES STYLES COLONIAUX DE LA FRANCE

D'aucunes de ces mosquées sont construites en pierres et en briques, et elles s'élèvent toutes sur une base rectangulaire. Au

Fig. 28. — TUNISIE. Vestibule d'entrée de la mosquée du Barbier, à Kairouan. Photo Office gouv. tunisien : Cliché Soler.

centre : une coupole parfois richement recouverte de faïence ou ceinturée d'entrelacs sculptés. Sur les murs extérieurs, souvent une galerie crénelée domine une corniche épaisse et saillante. Portes et fenêtres ogivales ou cintrées, rehaussées à profusion de festons et autres ornements. Portes hautes et profondes, non

Fig. 29. — TUNISIE. *Intérieur de la mosquée du Barbier, à Kairouan.*

moins élégamment parées, avec, au surplus, des petites niches en encorbellement. Semons enfin, autour de la mosquée, ses

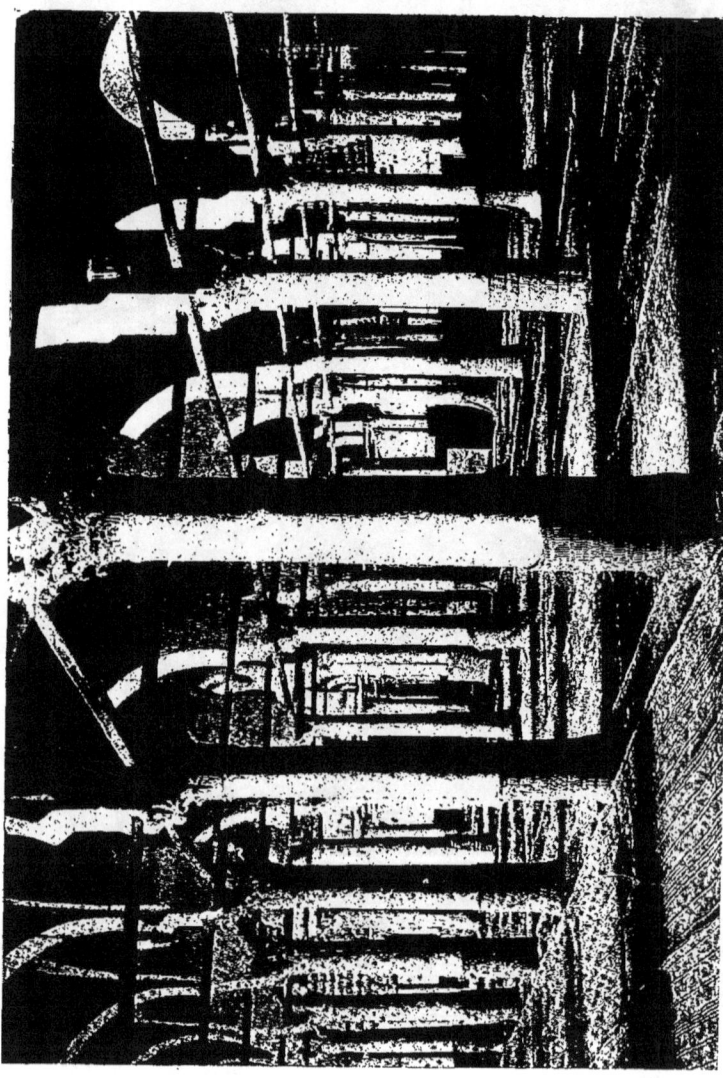

Fig. 30. — TUNISIE. Intérieur de la mosquée du Barbier, à Kairouan.

annexes : des écoles, des établissements hospitaliers, entre autres. Le *minaret*, lui, représente le clocher des églises chrétiennes.

L'ART AFRICAIN : ALGÉRIE, MAROC ET TUNISIE 47

Nous répéterons qu'il constitue une construction parasitaire de la mosquée, où il occupe un emplacement indéterminé. C'est une tour étroite et très élancée, ronde ou polygone, reposant

Photo Office gouv. gén. de l'Algérie.
Fig. 31. — ALGÉRIE. *Place et mosquée de Tolga.*

généralement sur des niches en encorbellement, que plusieurs étages en retraite, à balcons ou à galerie saillante, divisent. Un petit toit ou une coupole couronne le minaret, construit en pierres, mais le plus souvent en briques revêtues de stuc, à moins que, comme au Maroc, on l'observe fréquemment revêtu de faïence verte, ou en pierre grise lisse. Après ces généralités relatives au style musulman dans les divers pays, nous reviendrons, pour la mosquée, à celles qui ressortissent essentiellement à nos colonies et pays de protectorat.

C'est à Kairouan (Tunisie), entre autres, la superbe mosquée de Sidi Sahab, qui renferme le tombeau du barbier du Prophète, d'où son nom (fig. 28, 29 et 30), ainsi que, dit-on, des poils de la barbe de Mahomet, et celle de Sidi Okba, le conquérant de l'Afrique du Nord, ou Djamâa Kebira (grande mosquée). C'est, à Marrakech (Maroc), l'admirable mosquée de la Koutoubia, ou « mosquée des libraires », parce qu'elle abritait, au pied, des boutiques de marchands de manuscrits. La Koutoubia, avec son minaret et sa tour en pierre de taille rose, dont une mosaïque émaillée bleu orne les faces, constitue un ensemble architectural des plus imposants. Puis, à Rabat, voici la mosquée de Chella, et, à Tin Mêl, la plus ancienne mosquée marocaine.

« ... Ce n'est pas par la grandeur de son plan que cette tour (la Koutoubia) charme le regard bien qu'elle ait 68 mètres de hauteur, elle le cède en puissance à ses sœurs la Giralda et surtout la tour Hassane. Mais les proportions en sont d'une justesse exquise; on la sent à la fois élégante et forte; elle fait penser, conclut M. Maurice Zimmermann, à qui nous empruntons (*Paysages et villes du Maroc*), aux œuvres françaises ses contemporaines, issues de la période si courte qui assure le passage du roman robuste au gothique nerveux et fin... »

Autres remarquables mosquées, à Alger : celle de Sidi-Abd-Er-Rahmane, bâtie en 1696, sans oublier, à Tlemcen, celles de Sidi-El-Haloui et de Sidi-Bou-Médine, où se trouve une fameuse porte de bronze, qui forment un contraste luxueux avec les mosquées rudimentaires de M'Chounèche et de Tolga (fig. 31 et 32), dans l'Aurès.

Pour décrire maintenant un palais musulman, et afin de ne point sortir de notre cadre, nous nous contenterons d'esquisser la physionomie classique de l'*Alhambra* de Grenade, dont on a dit que rien dans notre « plus grande France » n'égalait la magnificence, en dépit pourtant, du somptueux palais de l'ancien bey Hadj-Ahmed, à Constantine, et avant que l'on n'ait décou-

Fig. 32. — ALGÉRIE. Intérieur de la mosquée de Tolga.
Photo Office gouv. gén. de l'Algérie.

vert à Fez, à Marrakech et à Meknès, dans les demeures des notables marocains, de véritables « alhambras ».

Et pourquoi, avant de franchir le seuil de l'Alhambra espagnol, ne point se recueillir un instant, dans la sépulture des puissants sultans saadiens (fig. 33, 34 et 35) auxquels le Maroc dut sa libération du joug portugais?

Cliché Ch. Mourey.

Fig. 33. — MAROC. *Tombeaux saadiens, à Marrakech* (détails décoratifs).

Nous sommes à Marrakech, et, après avoir passé une porte basse quelconque puis traversé une cour, nous voici sous la coupole des Koubbas (1), où M. M. Zimmermann nous conduit.

« ... Parmi la pénombre d'un oratoire mystérieux, c'est par-

(1) La « koubba » (fig. 36) est un monument élevé sur la tombe d'un personnage vénéré ou commémorant son séjour.

tout autour de nous l'entrelacement des arabesques, l'éclair d'émail des mosaïques, la richesse des linteaux de cèdre (1) ciselé à rehauts d'or, l'infini réseau des voûtes et des arceaux creusés en nid d'abeilles, enfin le poli exquis des colonnes de marbre fin

Photo J. de La Nézière.
Fig. 34. — Maroc. *Tombeaux saadiens* (détails décoratifs).

auxquelles le temps a donné un ton inexprimable de vieil ivoire. A nos pieds s'allongent des lames obliques de marbre aux moulures rigides; sur elles aussi s'enchevêtre un lacis savant de fioritures : ce sont les inscriptions en caractères stylisés qui

---

(1) Le bois, particulièrement au Maroc, joue un grand rôle dans la décoration (fig. 48).

Fig. 35. — MAROC. Tombeaux saadiens, à Marrakech (détails décoratifs).
Cliché Ch. Mourey.

racontent la piété et des exploits des nobles morts qui gisent à... »

Exemple de rare splendeur que celui des princes saadiens,

malgré que l'art saadien marque la décadence de la tradition hispano-mauresque au XVIe siècle.

Photo Office gouv. gén. de l'Algérie.
Fig. 36. — TUNISIE. *Une koubba, à Zénaga.*

Cette tradition hispano-mauresque issue de l'art nomade des Berbères affranchis de Rome, et qui s'affirma au Maroc sous les Almoravides (fin du XIe siècle), sous les Almohades (plus vigoureusement), au XIIe siècle, sous les Mérinides (avec davantage

Fig. 37. — TUNISIE. Vestiges d'un stuc du palais de Kassar-Saïd. Photo Office gouv. tunisien.

de grâce), pour aboutir à l'art dégénérescent des Saadiens et des Alaouites.

Bref, aussitôt que le lecteur se sera pénétré des chefs-d'œuvres laissés par les Maures d'Afrique, le modèle de l'art mauresque en Espagne : l'Alhambra de Grenade, lui sourira.

Imaginez, au sommet d'un coteau escarpé, une vaste et rutilante forteresse, avec ses tours et ses bastions, que domine le *Généralife*, maison de plaisance située au milieu de splendides jardins. C'est l'*Alhambra*, dit le « palais rouge », à cause des briques de cette couleur en quoi elle est construite. Des briques richement habillées d'arabesques en stuc (fig. 37).

L'*Alhambra*, demeure des rois Maures, fut commencé au milieu du XIIIe siècle et achevé en 1338. Il se compose de cinq vastes cours entourées d'appartements, la superbe *cour des Lions*, notamment.

Avec ses fontaines, ses broderies de pierre et ses peintures, avec le luxe et la délicatesse de ses ornements, ce palais somptueux où toute la fantaisie arabe semble s'être donnée libre cours, échappe à la description. Les mots seraient impuissants, en effet, à dépeindre la *salle des Ambassadeurs*, dont les cent mètres carrés sont coiffés d'une miraculeuse coupole à stalactites, et l'on renoncerait encore à exprimer toute la beauté de la *Salle du Tribunal*, de la *Salle des Deux-Sœurs* et autres étapes d'émerveillement.

Mais nous serons obligés de revenir plus loin au type éblouissant de l'Alhambra, et, entre-temps, nous nous consacrerons au souvenir d'un palais-citadelle arabe.

M. Jean Mélia, dans la *Ville blanche*, décrit ainsi la Kasba d'Alger (commencée en 1516 et achevée en 1590), — aujourd'hui convertie en caserne ! : « Un palais avec ses salles aux revêtements de faïence peinte et dorée, ses plafonds sculptés, ses arcades, ses cintres et ses rosaces d'une harmonie fine et d'un goût précieux, ses tentures et ses tapis aux vives couleurs, ses coussins, ses divans, ses glaces de Venise, et aussi ses porcelaines, ses coffrets, ses pendules, ses lits à colonnes. Tout le luxe de l'Orient s'étalant, fastueux, ouvragé, éclatant, n'ayant dans sa magie imposante, pour contraste, que la grâce des fontaines de marbre dont l'eau chantait dans les cours intérieures.

« Un palais qui se muait en cloître avec son harem, son jardin comme enterré entre de hautes murailles blanches dans lequel on ne parvenait qu'après avoir traversé une sorte de chemin contourné en labyrinthe. C'est que les femmes du dey venaient se reposer en cet endroit où croissaient des platanes, que parfumaient des citronniers et des jasmins, qu'ornait un kiosque revêtu de faïence jaune et noire... »

Un palais et aussi une citadelle, aux murs crénelés, abritant un parc à poudre et un parc à boulets, dont les canons peints en vert et en rouge pouvaient cracher à la fois sur les assaillants ou sur la ville, pour la détruire. « L'aire d'un vautour », enfin !

S'il est un fait que les Arabes imitèrent le faste des habitations royales des Persans et des rois de l'Inde, les poètes orientaux ne pouvaient donner un plus beau cadre à leurs contes. N'a-t-on point dit que les princes musulmans aimaient, en leur luxe formidable, à se donner ici-bas un avant-goût du paradis ? Parmi tant de descriptions d'édens musulmans, nous retiendrons encore la suivante. Après avoir traversé des jardins enchanteurs, admiré des massifs parfumés où des fleurs dessinaient des passages de l'alcoran et goûté la subtilité d'une disposition de tuyaux de plomb (dissimulés au tronc des arbres par un bracelet de cuivre doré), grâce auxquels, jusqu'aux plus hautes branches et tout autour de l'arbre, bruissaient plusieurs fontaines, on apercevait une grande tour de bois où gazouillaient des milliers d'oiseaux. On accédait ensuite à un salon sur les murailles d'or et d'azur duquel se détachait la statue du maître du lieu, — un sultan, — et celle de toutes ses femmes. La tête de ces statues, parées des plus riches étoffes, était ceinte de couronnes d'or et constellée de pierreries.

Puis, un somptueux bassin attirait encore l'admiration, tout rempli de mercure qu'il était et bordé de colonnes de marbre au chapiteau d'argent. Des anneaux de même métal retenaient, à l'extrémité de cordons de soie, un sofa gonflé d'air, de sorte que lorsque le prince s'y couchait, l'air, en sortant, agitait la surface du mercure.

Si l'on ajoute que les arbres d'alentour, le soleil le jour et la lune la nuit, avec son cortège d'étoiles, se reflétaient à l'envi dans ce bassin aux ondes métalliques, on aura comme une évocation des *Mille et une Nuits*.

D'autre part, écrit un auteur ancien : « ...Il est difficile d'exprimer la sensation vraiment unique que l'on éprouve quand on pénètre du *patio* de l'Alberca (à l'Alhambra de Grenade, modèle par excellence du style arabe en Espagne), dans la cour des Lions. Des galeries décorées d'arcades de toutes formes, découpées en festons et en stalactites, chargées de dentelles en stuc autrefois peintes et dorées, s'étendent de toutes parts, et l'œil n'aperçoit qu'une forêt de colonnettes isolées, accouplées, groupées, toujours élégantes, et au travers desquelles étincellent les eaux cristallines de la fontaine des Lions et de celles des galeries des deux pavillons à coupoles, de l'est et de l'ouest. »

La célèbre fontaine des Lions, un enchantement !

Elle jaillissait au centre de la cour de ce nom, — un rectangle allongé environné de galeries, dont deux s'énorgueillissaient d'un pavillon presque carré, aux dômes intérieurs raccordés par des pendentifs surprenants d'ingéniosité et de décor, — et, autrefois, des grandes briques émaillées blanches et bleues qui la pavaient, dit-on, mettaient en valeur sa double vasque brodée, supportée par des lions archaïques. Entre les allées qui y amenaient et les galeries environnantes, des parterres fleuris de plantes rares mêlées d'arbustes peu élevés, apportaient leur fraîcheur à un ensemble de rêve.

Car il faut maintenant imaginer, sur les plafonds et les galeries, sur les dentelles et ornements des arcatures, ce somptueux revêtement d'or, de vermillon et d'azur, que les temps ont emporté avec les riches mosaïques qui rehaussaient les soubassements de toutes les salles. Vis-à-vis de ce luxe éperdu, les admirables mosquées de Cordoue, de Tolède, etc., pâlissent, si toutefois celles de Marrakech, de Fez, de Meknès, soutiennent fièrement la comparaison, et aussi celles du Caire, non moins que les monuments de Tlemcen, l'ancienne capitale musulmane.

Comment décrire enfin, le rôle de la lumière sur tant d'éclat ! Dorée durant le jour, mauve au crépuscule, l'atmosphère distribue des ombres, accroche des clartés, qui varient l'aspect des moindres détails comme des grandes masses. Il apparaît que tous ces atours ont compté sur une ambiance pour être davantage flattés en leur métamorphose. Et, soudain, au clair de lune, il semble que ces décors vivent et chantent de mille couleurs, à la façon des vitraux dans la rose de notre cathédrale gothique.

CHAPITRE III

L'ART AFRICAIN :
ALGÉRIE, MAROC ET TUNISIE *(Suite)*

Quittant maintenant les jardins spacieux qui préludent aux hautes et fraîches salles de réception marocaines, après avoir admiré leurs plâtres sculptés (tel panneau merveilleusement fouillé et ajouré du « mirhab » de la médersa Ben Youssef, à Marrakech, offre un exemple typique de ce mode de travail), leurs carreaux de faïence découpés (zéliges), leurs bois richement peints, et, en nous reposant sur leurs divans moelleux encombrés de coussins chatoyants, nous rêverons encore, parmi les ruines du palais de Mecknès, « ce Versailles, a dit M. R. Koechlin, qu'un sultan du xviie siècle (1) imagina de construire à l'exemple du Grand Roi ».

Il faut insister sur la menuiserie et la charpente, tant andalouses que marocaines. Le robuste bois de cèdre (*arar*), plus précieux, se prête excellemment à ce travail, et les plafonds chantent des poèmes d'enchevêtrement. Au Maroc, les thèmes inspirateurs de la sculpture sont : l'acanthe, sa fleur (que l'on a prise pour une pomme de pin), et une sorte de coquille ou de palmette (qui souligne particulièrement les œuvres de la dynastie almohade

(1) Moulay Ismaïl.

[fig. 56]), sans oublier, naturellement, ces frises épigraphiques,

Fig. 38. — ALGÉRIE. Palais d'été, à Alger (escalier ancien).
Photo Office gouv. gén. de l'Algérie.

ces écritures koufique et andalouse qui sont un enchantement décoratif.

Comment ne point souligner, encore, cet art du plâtre gravé

ou sculpté dont le Maroc et la Tunisie ont tiré un parti si artistique !

Fig. 39. — ALGÉRIE. Jardins et colonnade du palais de Hadj-Ahmed, à Constantine.
Photo Office gouv. gén. de l'Algérie.

Les indigènes l'appellent la « sculpture au fer », et l'on sait avec quelle verve les arabesques ont embelli tant de coupoles

62   LES STYLES COLONIAUX DE LA FRANCE

Photo Office gouv. gén. du Maroc.

Fig. 40. — Maroc. *Porte maure, à Fez.*

et de murailles intérieures (fig. 38, 39, 40, etc.), tant de tympans et d'arceaux !

L'ART AFRICAIN : ALGÉRIE, MAROC ET TUNISIE

Cliché Ch. Mourey.

Fig. 41. — MAROC. *Une porte de la Bahia, à Marrakech* (palais du résident général).

Photo Office gouv. gén. de l'Algérie.

Fig. 42. — ALGÉRIE. *Palais d'été. Salon présidentiel, à Alger*
(arch. néo-arabe).

L'ART AFRICAIN : ALGÉRIE, MAROC ET TUNISIE 65

Fig. 43. — ALGÉRIE. Salle néo-byzantine du palais d'été, à Alger.

Photo Office gouv. gén. de l'Algérie.

Photo Office gouv. gén. de l'Algérie.

Fig. 44. — ALGÉRIE. *Palais d'été, à Alger, détail d'une travée* (arch. néo-arabe).

Fig. 45. — TUNISIE. *Intérieur d'une riche maison arabe moderne, à Tunis.*

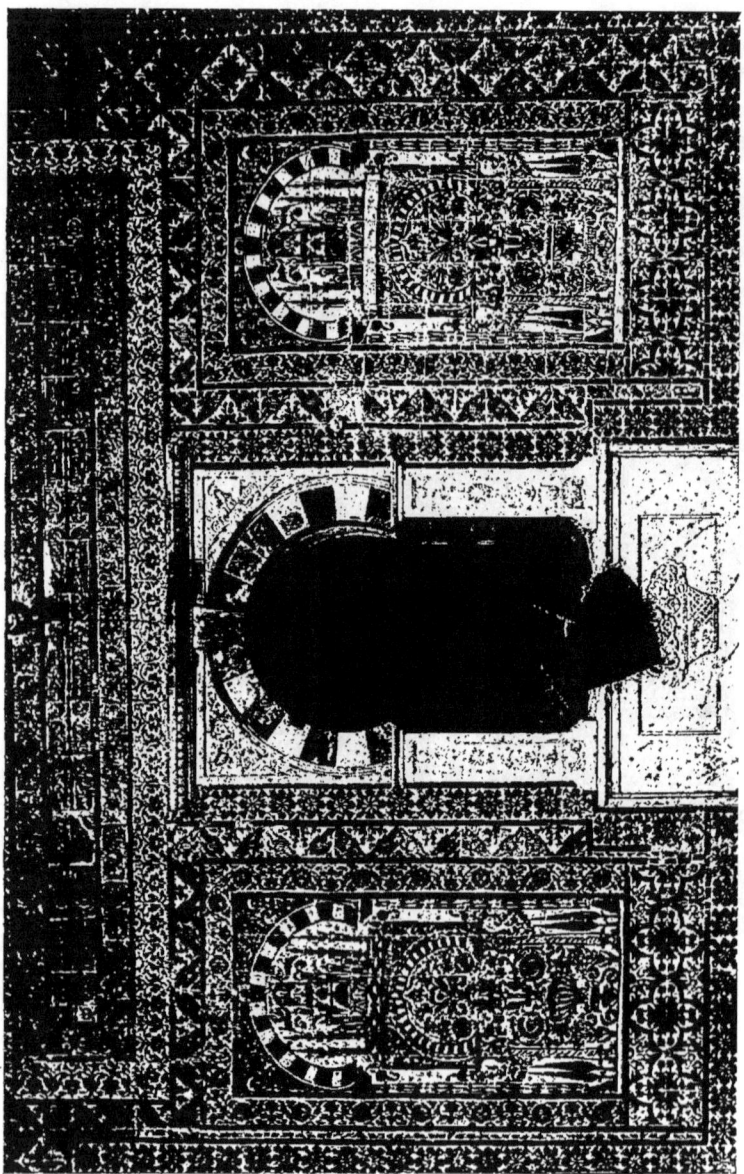

Fig. 46. — TUNISIE. Revêtement de faïences du patio de l'Institut des Arts et Métiers.

Photo J. de La Nézière.

Fig. 47. — MAROC. *Fenêtre en bois sculpté et fer forgé (Fez).*

Les revêtements de faïence (fig. 46) émaillée *(haïtis)* ne sont pas moins riches et joyeux sur les murs que les sculptures peintes ne donnent de légèreté aux plafonds. Témoin le sanctuaire de Kairouan (Tunisie).

Les mosaïques s'ajoutent à tant de beautés, avec le bois sculpté et le fer forgé (fig. 47). Elles sont taillées à la marteline dans des carreaux vernissés, et ce sont ces débris qui, au Maroc notamment, sont utilisés comme revêtement, avec tant d'éclat. La porte monumentale de Meknès (Maroc) est toute rutilante grâce à ses mosaïques de faïence, tandis que l'émail excisé sur fond champlevé — autre pratique d'art unique au Maroc — constitue l'attrait de la porte de la mosquée des Tebbaline, à Meknès encore.

Cliché Rhoné.
Fig. 48. — MAROC. *Bois sculpté et « zéliges »* (Médersa Attarine, Fez).

Nota bene. — Les inscriptions sont généralement exécutées en champlevé, et les « zéliges » (fig. 48) sont réservés à la décoration.

Nous pénétrerons maintenant dans une modeste maison arabe.

La maison arabe. Dans la rue exiguë, trouvant une enceinte bordée de murs, une porte basse, deux anneaux de métal pour heurter l'huis. Un couloir *coudé*, afin que, de l'extérieur, on ne puisse rien apercevoir. Fenêtres étroites ou point de fenêtres du tout. Aucune communication des pièces de l'habitation entre elles. L'absence de fenêtres ou leur baie réduite s'accorde avec l'isolement réclamé de la femme arabe qui ne doit point recevoir de visites masculines.

Le souci de l'isolement féminin, à la fois d'ordre religieux...

et humain, — duquel l'architecture arabe est singulièrement solidaire, — est poussé, actuellement encore, à ce point que,

Photo Office gouv. tunisien.
Fig. 49. — TUNISIE. *Intérieur de la maison de Kasnadar Bardo.*

quand pour une raison ou une autre, un étranger à la maison doit monter sur la terrasse (réparations, pose de fils électriques, etc.), il en doit aviser les habitants, afin que personne ne sorte. Au signal, les femmes rentrent.

Le souvenir de l'antique gynécée hante ainsi la maison arabe, — séparant de même, nettement, les lieux publics des appartements privés, — qui doit être défendue aux regards du profane

Fig. 50. — TUNISIE. *Intérieur d'une maison arabe, à Sfax.*

et dont le décor extérieur, d'ailleurs, des plus réduits, désire passer inaperçu, noyé dans une aveuglante blancheur.

Sur le *patio* (fig. 49, 50, 61, etc.), représentant, en somme, le vestibule et la cour, donnent les pièces. La beauté et l'utilité du *patio* s'avère fondamentale. Il est à air libre, originairement, sa cour est dallée et souvent ornée d'un arbre, cette cour s'agrémente aussi d'un jardin et d'un puits. Pièces aux murs nus, mal éclairées de ne recevoir la lumière que par la porte et par deux fenêtres, en général, ouvrant sur le *patio*.

Lits s'estompant dans les fonds, dissimulés sous des draperies ou de simples toiles. Point de sièges; on s'assied, on mange par

Fig. 51. — TUNISIE. *Maison du marin* (Dahr el Bahri), *à Sidi-Bou-Saïd, près Tunis.*

terre. Tout se fait à même le sol. A l'heure des repas, on s'accroupit sur des tapis et l'on dépose les plats, — de larges plats en bois, — sur de petites tables *(mida)* rondes, de 20 à 30 centimètres de hauteur.

Maisons en brique, en galets, au Maroc, tandis que les monuments empruntent souvent à la pierre de taille (1) et au marbre amené d'Italie, quand il ne provient point du pillage des monuments romains. Au Maroc, encore : maisons en *pisé* (maçonnerie en terre argileuse) ou simplement en terre battue, décorées à l'intérieur de couleurs vives, lorsque des ornements floraux ou géométriques, sculptés légèrement sur bois de cèdre ou dans le plâtre, lorsque des mosaïques de faïence, en pavement ou en revêtement, — ces derniers atours réservés aux maisons riches et aux palais, — ne les avantagent pas.

En réalité, l'habitation arabe rappelle la maison romaine.

A côté de la demeure précédente, de type modeste, voici celle de condition plus aisée qui tend d'ailleurs à disparaître devant la tentation du luxe et du confort européens. Les indigènes achètent des meubles de style courant, des machines à coudre et des phonographes. Ils couvrent leur patio ! Bref, le bourgeois arabe le dispute au bourgeois européen (2), tout en s'attachant à rester fidèle à son atavisme fondamental. Il en résulte un bizarre mélange de moderne et d'ancien, d'arabe et d'européen, où le mauvais goût des marchands enrichis, l'emporte. Et, par un retour normal, certains Européens se font construire des demeures de style arabe où ils mettent un point d'honneur de n'introduire aucune fausse note, tant dans le choix que dans la disposition de leur ameublement.

Le plan de la maison aisée est semblable au précédent, mais considérablement enrichi.

L'immeuble n'est point de plein-pied avec la rue. On accède toujours, à un *patio* central, couvert ou non, à moins que protégé par une grille ou par un escalier coudé débouchant sur la rue grâce à une porte en bois rehaussée d'arabesques de clous en cuivre, au lourd marteau de métal. La porte tunisienne est

---

(1) Sous la robuste dynastie des Almohades, les citadelles, hautes tours et portes (particulièrement réputées et toutes dissemblables au Maroc), étaient construites en pierre.

(2) Le Maroc, fort heureusement, n'a point encore subi cette contagion.

typique, avec sa décoration finement cloutée que le plein cintre de son portail, coupé de moulures et reposant sur des colonnes engagées, fait si gracieusement valoir.

Le *patio*, aussi bien, est l'objet de soins particuliers. Des colonnades, aux chapiteaux ornés de la volute arabe, varient harmonieusement et majestueusement sa fantaisie. Un vélum, durant la saison chaude, tempère l'éclat du soleil. Les murs, à l'intérieur, ne sont plus nus, mais plaqués de revêtements céramiques représentant des fleurs, des amphores et autres décors empruntés aux tapis de la Perse.

A la partie supérieure des murs, des arabesques en plâtre *(nakch hadida)* comme des ouvriers spécialistes en fabriquent au Maroc (surtout) et à Tunis, parfois rehaussées d'or et dont les vides intérieurs sont garnis de carreaux de couleurs, complètent l'agrément décoratif de l'ensemble.

Au reste, pour la physionomie caractéristique de l'architecture comme de l'ornementation arabe, nous embrasserons toujours la vision typique de nos gravures, pour une référence plus ou moins modeste. Notons cependant, à côté de la riche parure des murs, le bref contentement du décor moderne, — affranchi, du moins chez l'indigène lettré, de la tyrannie religieuse, — consistant en chromos, en inscriptions encadrées de versets ou de phrases du Coran, aux lettres comme toujours stylisées et concourant à un ensemble harmonieux. Un exemple de ce mode d'inscriptions fréquentes à Tunis, en forme de dessin, souvent encadrées et appliquées au mur, représente quelque gallinacé. Les lettres qui le composent signifient : « O toi qui tiens lieu de tout ! Dieu est généreux et aime le serviteur généreux et il prend par la main le généreux. »

Pour terminer notre description normale, nous apercevrons aux étages supérieurs de notre maison qu'un toit plat coiffe, les appartements de la femme arabe. Ils prennent discrètement jour sur la rue par des *moucharabiehs*, sortes de balcons extérieurs munis d'un grillage en bois, d'où l'on peut voir sans être vu, et dont nous avons précédemment parlé.

Au résumé, l'architecture à l'européenne de nos colonies de

l'Afrique du Nord s'est inspirée de l'art arabe, tout au moins pour certains monuments publics. Elle a pris la coupole, le minaret, la tour, la fenêtre en bois ciselé, la porte cloutée, la terrasse et les arabesques intérieures.

Il demeure encore en Algérie, au Maroc comme en Tunisie, un style officiel qui, par respect des coutumes plutôt que par commodité, a adopté le genre arabe dont l'architecture privée, néanmoins, tend à s'affranchir. Cette dernière construit suivant des modèles européens, en ne gardant uniquement que la terrasse indispensable aux pays du soleil. Parallèlement sévit le style néo-arabe, néo ou franco-marocain, etc.

Les grandes villes algériennes et tunisiennes empruntent même franchement à l'architecture contemporaine et même moderne, la maison à cinq étages qui fleurit impersonnellement en Europe... Le quartier ou la ville arabe, les souks, deviennent alors les seules curiosités touristiques respectées. C'est le progrès (?), c'est la civilisation (?) qui opère, c'est la personnalité comme la couleur locale qui passent. Il faut noter hélas ! que l'urbanisme, tel qu'on le conçoit dans les grandes villes africaines, va à l'encontre des nécessités constructives dictées par le climat. Alors que les autochtones adoptèrent judicieusement les petites fenêtres, les murs épais, les rues étroites et toutes autres dispositions propres à protéger du soleil et de la chaleur, nous traçons aujourd'hui, au contraire, de larges avenues, nous construisons en briques et ouvrons de vastes baies...

Il résulte donc de tout ceci, que si l'architecture arabe se conserve, l'architecture européenne s'en inspire sans la continuer, et cela nous vaut non point une incohérence esthétique, mais une vision panachée dont, au demeurant, la beauté d'ensemble persévère. D'ailleurs il ne faut point oublier que le style arabe primitif a subi l'influence des diverses invasions, turques, espagnoles (nous avons vu, en revanche, l'importante domination de l'art arabe en Espagne), françaises et italiennes, d'où cette contagion s'étendant encore aux habitations privées de l'Afrique du Nord, pour aboutir à quelque solution intermédiaire entre la maison arabe et la villa romaine.

Photo Office gouv. gén. de l'Algérie.

Fig. 52. — Algérie. *Porte de la kasba d'Alger.*

Ces erreurs d'exportation européenne trouvent en la conception du Maroc moderne un éclatant démenti.

Premier résident général au Maroc, le maréchal Lyautey a su, si l'on peut dire, faire la part du feu, concéder à l'expansion européenne sans attenter au passé vénérable.

Fig. 53. — TUNISIE. Vue panoramique de Djerba. Au premier plan : une zaouïa.
Photo Office gouv. tunisien Cliché Soler.

Le célèbre pacificateur du Maroc — dont nous enregistrerons plus tard le respect parallèle pour les arts indigènes qu'il dota de services destinés à leur conservation comme à leur développement dans le sens de la tradition — s'est ainsi attaché à maintenir à notre nouvelle conquête africaine son caractère comme sa vie propre, de la religion au costume et aux mœurs.

Aussi bien, défendre le déroulement consacré d'un superbe point de vue ou la grandeur isolée d'une belle porte de ville, fut l'objectif exemplaire de Lyautey et de ses collaborateurs empressés,

Photo J. de La Nézière.
Fig. 54. — MAROC. *Médersa Ben Youssef, à Marrakech.*

qui surent tracer des routes automobiles et élever des « palaces », sans offenser la fière caravane arabe et berbère déambulant à côté, comme il y a des siècles.

Nous indiquerons, enfin, que le *caravansérail* représente, dans tout l'Orient musulman, un quadrilatère de bâtiments à l'entour d'une vaste cour où les caravanes logent et s'abritent au passage, moyennant une légère contribution ; les *marabouts* (témoin, en Tunisie, ceux de Sidi Abder Reba, sur l'emplacement d'un monument de l'antique Musti, et de Sidi Abdallah ben Hassine), constructions cubiques surmontées d'une coupole sphérique et blanchies à la chaux, étant une petite mosquée desservie par un marabout et le *khan*, la maison où l'on ne reçoit que des voyageurs isolés ou en petit nombre. Quant à la *kasba* (fig. 52), c'est la citadelle, la *zaouïa* (fig. 53) la partie d'une

Fig. 55. — MAROC. *La porte des Oudaïa, à Rabat.*

mosquée ayant droit d'asile, et les *souks*, le marché couvert. Ce marché, aux boutiques encastrées dans les murs et fraîchement encadrées de carreaux de faïence, peintes à l'intérieur de rinceaux, de bouquets, et en toutes couleurs, bleu, vert, ocre, rouge.

Kasbas d'Algérie, des Oudaïa, à Rabat, de Tadla, de Telouet, d'Ouarzazat (Maroc), aux chaudes tonalités d'ocre; souks algériens, marocains, tunisiens, et partout dans le monde musulman; sans oublier les délicates *médersas* ou collèges (médersas Attarine, Ben Youssef (fig. 54), à Marrakech, Cherratine à Fez, datant du XIVe siècle, notamment), du Maroc, les portes

Photo J. de La Nézière.

Fig. 56. — MAROC. *Détail de la porte* (en pierre) *El Rouah, à Rabat.*

d'enceintes (quelques-unes comme « bab Aguenaou », à Marrakech, d'un caractère superbe), des Oudaïa (fig. 55), à Rabat d'El Rouah (fig. 56), de Bab-el-Mansour, à Meknès (fig. 57), non moins splendides que la porte de la Koubba de la médersa Bou Anania (fig. 58), à Fez. Tours (celles de la Koutoubia —

Photo J. de La Nézière.
Fig. 57. — MAROC. *Porte Bab-el-Mansour, à Meknès.*

déjà décrite — et Hassane, au Maroc, sont renommées), minarets (ceux de Fez et de Meknès, revêtus de grands panneaux de faïence verte au ton cru), sanctuaires (dans les précédentes villes du Maroc, ceux-ci s'égaient violemment d'une faïence multicolore), *fondouks* (ou magasins, fig. 59), tombeaux (ceux des chérifs saadiens, en première ligne, au Maroc), palais, enceintes (fig. 60), fontaines, ponts, etc.

Les médersas de Salé (fig. 61), de Fez, plus haut notées, qui sont des « dentelles de plâtre supportant des poutrelles de cèdre et des carreaux émaillés »; les médersas de Fez remontant, pour la plupart, au temps des Mérinides, « des chefs-d'œuvre qui ne le cèdent en rien aux merveilles de l'Andalousie... »

De M. Th. Delaye, maintenant, cette intéressante description des kasbas marocaines de Telouet et de l'Ounila : « L'imposante kasba de Telouet... avec ses multiples enceintes rehaussées

Cliché Rhoné.

Fig. 58. — MAROC. *Médersa Bou Anania (façade sur la cour), à Fez.*

de badigeons blancs et d'étranges ornementations primitives, avec sa cinquantaine de tours chevronnées d'échauguettes et de mâchicoulis, ses centaines de meurtrières sournoises, ses mille créneaux polyédriques... Lorsque nous traversons son labyrinthe de cours intérieures, nous n'avons aucune peine à nous imaginer, derrière ses portes massives, tous les sombres mystères de Telouet : son harem aux cinq cents femmes, ses oubliettes où se jouaient hier encore, dit-on, des scènes effroyables

Mais, le grand caïd et maître de céans rappelle notre auteur à une moins farouche réalité : « A sa suite poursuit-il, nous parcourons une galerie aux sveltes et élégantes colonnades et pénétrons dans le plus délicieux des patios. Les orangers en

Fig. 59. — Maroc. Fondouk N'Djarine, à Fez.
Cliché Ch. Mourey.

fleur, l'eau ruisselant d'une vasque en fil ténu, les traînées de soleil divaguant sur la fine mosaïque, font, ici, un étrange

Fig. 60. — MAROC. *Enceinte de Fez.*

contraste avec le sévère appareil guerrier que nous avons entrevu à l'arrivée... »

Nous emprunterons à la même source, cette vision d'architecture « la plus pittoresque et la plus étrange qu'on puisse rêver ». Il s'agit maintenant des kasbas de l'Ounila : « D'un bord à l'autre du val de l'Ounila, ce ne sont que kasbas pyramidales, tours assyriennes, bâtiments massifs et carrés, flanqués de tours d'angle allant s'amincissant jusqu'à leur faîte plat et débordant, marqué aux quatre coins de créneaux triangulaires à ressaut... De larges bandeaux roses et blancs, heureusement disposés au haut des constructions, rompent l'harmonie générale rouge vif. » *(Le Monde colonial Illustré.)*

Vision de villes blanches comme Alger et Tunis — à cause du lait de chaux dont sont badigeonnées les maisons arabes pour les protéger du soleil — aspect de villes rouges comme Marrakech, en raison de la couleur de leurs constructions violemment ocrées. Monuments rutilants ainsi, tandis que leur partie la plus élevée, rehaussée de faïence bleu turquoise, semble se perdre dans le ciel.

Après cet exposé, nous donnerons, en cul-de-lampe, le gourbi arabe ou cabane-abri, d'habitude enfoui partiellement dans le sol, de façon que seule la charpente de la toiture soit nécessaire, et la tente marocaine plus caractéristique que celle des autres tribus de l'Afrique du Nord. Cette tente ronde et à toit conique, à plusieurs rangs d'étoffe noire (ou rouge) réveillant la toile blanche, ou bien, pour les nomades, à bandes étroites cousues bord à bord.

Les tentes *nouala* et *makhzen*, également marocaines, ajoutant leur intérêt à la précédente, de même forme. La première de ces tentes, recouverte de roseaux à l'extérieur et en chaume à l'intérieur; la seconde en toile, soutenue par un pilier central.

D'une curiosité différente sont les tentes des Maures de notre Mauritanie. Presque tous pasteurs nomades, les Maures s'abritent sous un rectangle en tissu de poil de chèvre, de mouton ou de chameau, que deux montants érigent en cône et que des cordes, passées dans des anneaux aux quatre coins, maintiennent à des piquets plantés dans le sable. Aux pauvres est réservée la couverture en guinée bleue. Chez les Touareg nomades du sud, autres abris : soit des tentes entièrement en cuir — et

Fig. 61. — MAROC. *Médersa de Salé*, « *patio* » *intérieur*.

non en laine, leurs moutons et leurs chameaux n'ayant que

du poil — soit des huttes composées de nattes reposant sur un bâti en bois et sous lesquelles se trouve le *tedoubout*, sorte de lit fait d'un alignement de rondins de bois.

Quant à la maison à terrasse en terre battue, elle constitue la demeure des Touareg sédentaires.

Au reste, pour nous en tenir à l'Afrique du Nord, la fantaisie la plus savoureuse préside à ces campements, de l'humilité à la richesse, du gourbi improvisé au gourbi permanent.

Nous envisagerons, ensuite, le mobilier arabe.

Le mobilier arabe est des plus réduits chez les tribus nomades; leurs tapis — merveilleux — en tiennent lieu. Tapis de Kairouan, de Bizerte, de Sousse, de Bija (Tunisie). Tapis de Rabat, de Casablanca, de Salé (fig. 62) (Maroc). Tapis d'Alger, de Tlemcen, de Bou Saada (Algérie), berbères (fig. 63), autant de précieux tissus caressants aux yeux comme à la main, dont, malheureusement, le succès a propagé l'imitation économique, l'industrialisation, au grand dam de la naïveté si expressive de jadis.

Photo J. de La Nézière.
Fig. 62. — MAROC. *Tapis de Salé.*

Voisines du tapis pour la beauté sont les étoffes de Tozeur (Tunisie) et de Fez (Maroc), filées en laine du pays et en soie importées de Syrie ou d'Italie, et, puisque nous évoquons les draperies orientales, pourquoi ne point mentionner ici, après les broderies (fig. 64) polychromes de Mecknès (Maroc) et de Rabat, les couvertures de Salé, de Djerba et de Gafza, aux deux couleurs rutilantes? Néanmoins, pour revenir au mobilier, en dehors du tapis fondamental, les Arabes actuels ont conservé pour lit,

Photo J. de La Nézière.
Fig. 63. — MAROC. *Tapis berbère.*

l'angareb qui consiste en un cadre sur lequel des courroies ou des sangles sont tendues. Quelques coffres enfin, terminent cette énumération d'un ameublement qui s'est développé néanmoins en s'altérant, sous l'influence européenne et sédentaire. Car la table basse arabe est typique, avec ses pans ornés d'incrustations de nacre et de mosaïque de bois. Il en est aussi de très simples en bois blanc peint et doré, mais la riche table arabe, avec ses arcs et arcades ajourés, avec ses gracieuses découpures empruntées à l'architecture, amende la naïveté des autres matériaux et décors sans recherche. Non moins caractéristique est le porte-Coran (qui ressemble un peu à notre porte-estampe), dont le bois sombre ou bien un enduit de couleur unie, rivalise d'incrustations de nacre, d'os, de lacets d'étain, avec la table. La menuiserie arabe offre également un vif intérêt d'originalité. Elle constitue, en somme, tout un programme d'ajours, toute une

Photo Office gouv. tunisien.

Fig. 64. — TUNISIE. *Brodeur arabe*.

dentelle gracieusement rigide, composée qu'elle est d'une multitude de petits fragments de bois spirituellement tournés et assemblés en vue de constituer des réseaux géométriques des plus variés.

Les Arabes ont adopté, pour leurs décors du bois, le système des enlacements du style byzantin auquel ils ajoutèrent leur fleuron particulier, dans une disposition fréquemment étoilée ou hexagonale. La forme jouant, d'autre part, avec l'agencement capricieux des bois foncés sur fonds clairs (et réciproquement), dont l'assemblage donne des dessins prismatiques.

Les plafonds, chaires, portes de mosquées, moucharabiehs arabes, sont d'une étonnante habileté qui en trompe la monotonie, car ces panneaux de marqueterie ou de sculpture, incrustés de nacre et d'ivoire, ne changent guère d'aspect malgré leur différence, et ils son généralement enchâssés dans des bâtis de charpente simple et uniforme.

Art de patience, la damasquinerie ne devait pas moins séduire les diciples de Mahomet dont les marteaux et cadenas de portes, bassins de cuivre et armes, connaissent des nielles ornées d'entrelacs damasquinés qui tiennent de la virtuosité. Les faïences hispano-arabes ou hispano-mauresques, aux reflets métalliques chatoyants, ne sont pas moins parées — ainsi que leurs verrerie et orfèvrerie — d'inscriptions ingénieusement touffues.

Même observation pour les terres cuites peintes utilisées comme revêtements, où brille le plus souvent le type de l'ornementation persane.

Peu de meubles conservés, hors ceux qui, en petit nombre — de larges fauteuils-banquettes, principalement — garnissent les mosquées et dont les arabesques rappellent l'architecture jusqu'à manquer de discrétion à force d'étonner par le tour de main.

Malheureusement, l'industrie indigène, détournée de la tradition, de la rareté de ses propres modèles par l'abondance de ceux de l'Europe, a étendu jusqu'à des sièges et lits, jusqu'à des armoires et des tables sinon semblables aux nôtres, du moins similaires, cette menuiserie (fig. 65) décorative qu'elle eût dû épargner jalousement.

C'est alors le triomphe de la découpure intempestive, du fronton au bandeau, au tablier des meubles, du dos au bras des fauteuils.

Peu ou point de pleins, les vides dominent excessivement —

les panneaux des armoires sont même ajourés ! On ne voit qu'arcades et arcatures, que colonnettes, que frises découpées... Quelque chose comme le style « mosquée » rivalisant avec le style « cathédrale » dont notre Louis-Philippe porte le poids.

Il s'ensuit de cette erreur toute une menuiserie hybride,

Fig. 65. — TUNISIE. *Meubles tunisiens modernes.*

mal adaptée, dont la prodigalité accuse le mauvais goût avec l'abus des couleurs criardes et de l'or qui l'accompagne.

Mais passons, et laissons à l'article de bazar oriental la responsabilité de ces débordements tant en faveur auprès des « nouveaux riches », pour n'admirer que des cloisonnages subtils, que des encadrements délicats judicieusement subordonnés à l'ornementation de rares objets et ustensiles. Les petits meubles de Mogador (Maroc) se présentent alors à notre pensée, pour nous faire goûter l'agrément délicat de leur bois de thuya marqueté et sculpté. Non moins charmantes étant les préciosités de menuiserie propres à Salé (Maroc) — où le thuya, encore,

Fig. 66. — ALGÉRIE. *Ensemble d'art décoratif, Constantine.*
Photo Office gouv. gén. de l'Algérie.

s'incruste délicieusement de citronnier — opposées aux robustes bois sculptés et peints de Meknès ou de Fez.

Nous ne voyons guère à ajouter au mobilier spécialement

marocain, qu'une grande chaise de mariée, une sorte de trône byzantin, plutôt, assez original, ainsi qu'un lit de parade. Ces chaises appartenaient aux coiffeurs qui les portaient au domicile de la mariée dont ils devaient parer la chevelure. Autrement, tables, étagères, armoires (jamais en bois naturel au Maroc) incrustées de corne, d'ébène, de nacre ou marquetées de cèdre, de citronnier, à moins qu'en bois ciselé et peint (plutôt peint, à l'œuf, de fleurs et d'arabesques), varient peu dans tout l'art arabe où ils sont d'ailleurs rares, répétons-le.

Notre légitime admiration se tournera maintenant vers les cuivres, d'où nous rejetterons encore, initialement, l'article de bazar contre lequel, d'ailleurs, — ainsi que nous le verrons plus loin — nos gouverneurs coloniaux réagissent au mieux du possible.

Hélas ! la plupart de nos colonies de l'Afrique du Nord reçoivent encore aujourd'hui, de France, des objets de laiton en forme de boîtes, de châsses, d'aiguières, de bassins, de vases, etc., non décorés, et, dès lors nous retombons dans le travail moderne qui, avec plus ou moins de raffinement, reproduit la beauté ancienne.

Bref, martelés, repoussés ou ciselés fréquemment au retour... de France, ces cuivres auxquels s'ajoutent des plateaux, soucoupes, coupes, des lampes de mosquées, brûle-parfums (fig. 66 et 67), etc., risquent souvent de faire davantage les délices de la rue de Rivoli que celles des amateurs, tout acquis cependant, sinon à l'authenticité du passé, tout au moins à la vertu réelle de ces pièces superbes incrustées de cuivre rouge, de métal blanc, revêtues aussi d'un émail bleu cendré, si doux aux yeux, qui ont à cœur de réhabiliter la tradition ancestrale.

La tradition ancestrale avec ses curieux *aquamaniles* (vases souvent en forme d'animal), avec ses urnes à ailes, d'une forme si élégante, au décor d'inscriptions et d'ornements si riant.

La tradition ancestrale de cette céramique aux reflets métalliques, tellement frappante, et de tant d'autres expressions rares qui sortent de notre travail pour avoir fleuri ailleurs que dans nos colonies.

L'ART AFRICAIN : ALGÉRIE, MAROC ET TUNISIE 95

Au reste, non moins intéressante est, à Fez, la poterie blanche

Fig. 67. — ALGÉRIE. Ensemble d'art décoratif.
Photo Office gouv. gén. de l'Algérie.

ou émaillée, et, à Tunis, la céramique de Nabeul, celle du moins où
un chameau dresse naïvement sa bosse triangulaire, car un néo-

Nabeul, aux teintes irisées, aux tons chauds du cuivre, malgré que très attrayant, s'évade nettement du goût arabe. Malheu-

Fig. 68. — MAROC. *Poteries berbères du Zerhoun.*

reusement, les poteries « au chameau » sont aujourd'hui dégénérescentes. En revanche, du Rif, du Zerhoun, au Maroc, parviennent ces savoureuses poteries (fig. 68) exécutées à la main sans être cuites au four, dont la décoration au goudron (fig. 69) ou la peinture en rouge et noir se passe de l'émail; sans oublier des faïences bien caractéristiques (fig. 70) d'autre provenance.

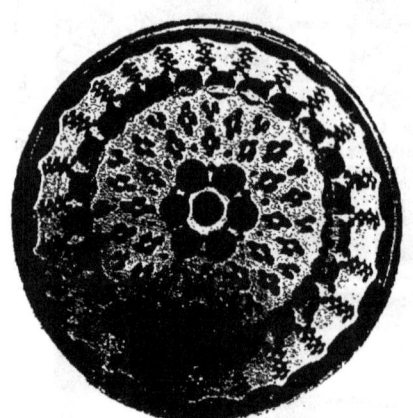

Fig. 69. — MAROC. *Céramique berbère, à décor de goudron.*

Du côté des armes, Bizerte, Kairouan, Tunis, Marrakech, entre autres villes, excellent à fabriquer des armes damasquinées, des poires à poudre, des selles et des harnais magnifiquement ornés. Dans les *souks*, des boutiques spéciales débitent ces boucliers, casques, fusils, tromblons, luxueusement incrustés, si fort appréciés de tout temps par les Arabes. Certains

Photo J. de La Nézière.
Fig. 70. — MAROC. *Faïences*.

Photo Office gouv. gén. de l'Algérie.
Fig. 71. — ALGÉRIE. *Poteries kabyles*.

poignards à gaine d'argent ciselé et garnis de corail, d'or et d'ivoire, justifient, parmi tant d'autres armes somptueuses, la faveur dont ils sont l'objet. Mais encore la pacotille sévit dans le genre...

Fig. 72. — Algérie. *Bijoux indigènes.*

Et non moins dans le bijou qui s'inspire volontiers de celui de l'Europe, ou tombe dans la décadence d'un filigrane avili.

L'ART AFRICAIN : ALGÉRIE, MAROC ET TUNISIE   99

Cependant le véritable bijou (fig. 72) africain en filigrane (bagues,

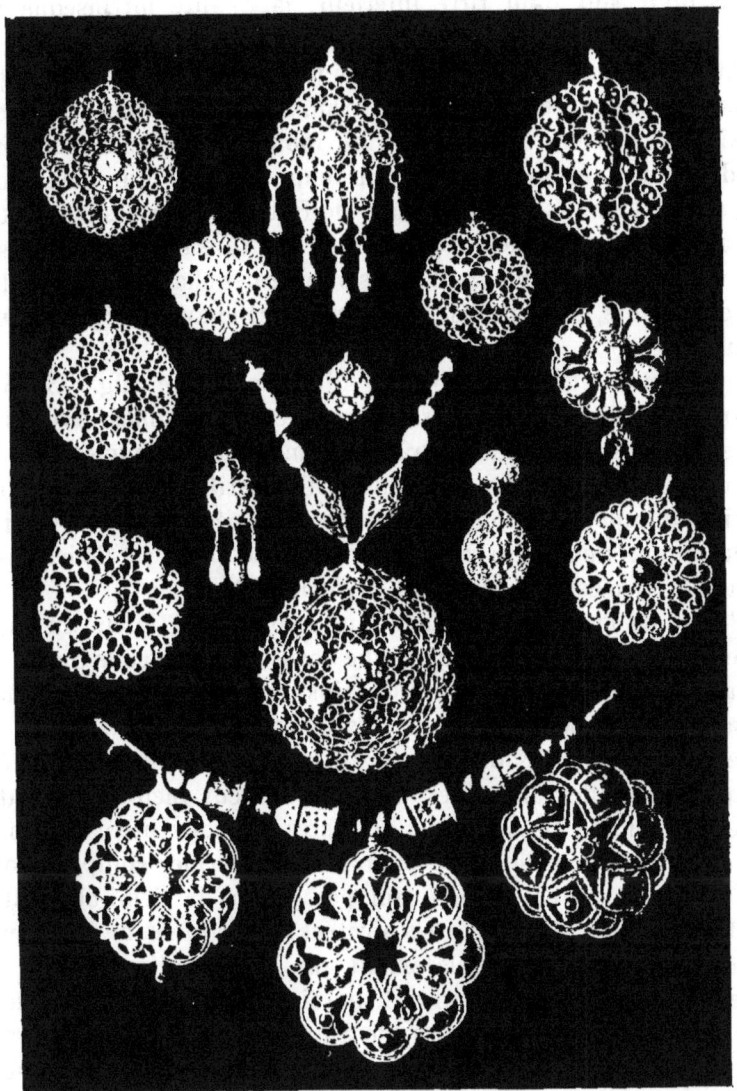

Photo J. de La Nézière.
Fig. 73. — MAROC. *Bijoux de Meknès*.

broches, boîtes, etc.), conserve sa beauté. Il continue à représenter pour l'Arabe un capital qu'il porte toujours sur lui. Qu'importe qu'il soit d'un titre inférieur, la qualité intrinsèque de son travail l'exhausse.

Parmi les boucles d'oreilles typiques, voici les *b'zaïms* algériens, en argent, en argent et corail, les colliers marocains en corail et verroterie avec pièces de monnaie d'argent, voici un pendentif en filigrane d'or, de Kairouan, composé d'un médaillon à parfum, d'émaux et d'une main de Fatma. Voici des bracelets, des agrafes, des boucles et plaques de ceinture en argent massif rehaussé de corail et d'émaux, sans oublier des chaînes et coulants, des ornements de coiffures, etc., d'une forme aussi originale que robuste.

Plus riche est, néanmoins, le bijou marocain (fig. 73), de Meknès entre autres, avec ses pierres et perles fines, avec ses rubis et turquoises dont la grâce accompagne harmonieusement l'attrait pittoresque. Le bijou marocain justifie sa beauté entre l'article d'importation ou la copie de l'européen et la verroterie.

Du bijou, nous glisserons à la dentelle pour sa délicatesse parallèle et, c'est la séduisante *chebka* (filet).

L'éclat de la mosaïque marocaine apportant à la fin du chapitre des préciosités, sa magnifique coruscation, avec le puissant intérêt des cuirs teints et brodés ainsi que les étoffes, de laine, de soie, aux couleurs vives, de fils d'argent ou d'or.

Ces divers produits de l'art arabe sont offerts dans les *souks* des grandes villes africaines. Et, si l'on veut bien dégager de cette promenade classique des touristes, l'odieux mercantilisme qui commence par le guide pour finir au dernier comptoir, on demeure ravi de cette foule qui passe dans la demi-obscurité mystérieuse et fraîche des rues abritées où chantent de tout leur bariolage, de tout leur frelatement aussi, les boutiques.

Ces boutiques, aux murs disparaissant presque sous des merveilleux tapis de Bokhara, de Smyrne, d'Anatolie, de Perse du Béloutchistan, de Chine même, sans oublier les pittoresques « points noués » à très haute laine du Maroc (Tadla, Zaïane), ou à poil ras, alternant leur altière pesanteur avec les broderies de Constantinople les plus éthérées. Ces boutiques aux tonalités chantantes, où les cuivres étouffent leur reflet claironnant parmi les tissus les plus divers, ceintures, burnous, écharpes (fig. 74), gandouras, haïks, turbans, fonthas, etc., où l'écaille et la nacre, où le cuivre incrusté d'argent des coffrets de mariage, en bois sculpté ou doré, encore, jouent avec l'éclat des armes, des selles, des coussins tunisiens ou marocains en cuir excisé violemment teint ainsi que des nattes d'alfa brut ou de palmier cordelé et tissé de laines de couleurs (de même provenance), avec la douceur des céramiques claires ou des cuirs blancs.

Le charme de tout cela séduit les yeux autant que l'odorat, car le parfum des roses, des violettes, du jasmin, distillés en flacons ou convertis en sirop — voire en confitures — s'ajoute sensuellement à la vue de toutes ces « marchandises » dont les réminiscences émanent non seulement des pays riverains, mais encore de l'Inde, de la Turquie et de la Grèce.

Photo J. de La Nézière.
Fig. 74. — MAROC.
Echarpe brodée, de Fez.

Au surplus, l'oreille s'égaie aux sons du rebâb, de la kouitara, du kemângeh-à-gouz, de la rhaita, sourdement accompagnés par le darâboukkeh, tous instruments dont les orchestres arabes de l'Algérie, de la Tunisie et du Maroc s'honorent musicalement.

C'est là le style de l'Orient. C'est dans l'ambiance troublante des *souks* que l'on respire la manifestation la plus éloquente de l'art prestigieux d'un peuple de pasteurs et de guerriers, en dépit de son éternel nomadisme et de ses luttes perpétuelles.

Mais hélas! tandis que les descendants de cette noble race circulent aujourd'hui dans les souks, en leurs atours authentiques (des tissus drapent leurs corps, des étoffes amples — pour les femmes — sont serrées à la taille par une ceinture alors que la partie supérieure est maintenue close par une boucle), l'Arabe « civilisé » croise, vêtu à l'européenne (1)...

Tantôt, alors, avec le costume européen, de grande coupe, on arbore la chéchia rouge (celle qui est prescrite par les Turcs sous peine de mort, non du fait de la religion ainsi qu'on le croit couramment, mais en raison d'une antique loi), tantôt, sous la *gandoura*, on aperçoit... des souliers, des chaussettes retenues par des jarretelles sur les jambes nues!

Heureusement que le costume indigène classique demeure, pour maintenir à l'Afrique sa couleur locale! Et d'autre part, on ne s'est point contenté notamment en Algérie, à Bougie, à Saïda, à Alger, comme au Maroc, de conserver les techniques esthétiques du passé, nous assistons généralement, aujourd'hui, à un merveilleux renouveau des arts indigènes dans le respect le plus scrupuleux des traditions anciennes.

Nous ne manquerons point, d'ailleurs, de consacrer un chapitre spécial à ce noble souci.

Et quelle splendeur naturelle nous y invite, soit à notre gré, soit malgré nous!

« ...C'est Alger, écrit M. le député Louis Proust, cette ville adorable entre toutes, qui descend par échelons des montagnes toujours mauves de la Kabylie vers sa baie qui dépasse en grandiose déploiement celle même de Naples; c'est Tunis-la-Blanche

---

(1) Au Maroc, cependant, pays fraîchement européanisé, le costume se défend encore, et, de même, les marchandises ne se mêlent point dans les souks comme au bazar. On les débite par espèces et dans des rues réservées à chaque corporation de métiers.

L'ART AFRICAIN : ALGÉRIE, MAROC ET TUNISIE   103

et ses souks multicolores; c'est El Djem, cet amphithéâtre de plus de 40.000 spectateurs qui surgit d'une plaine désertique

Fig. 75. — ALGÉRIE. *Oasis de Colomb-Béchar.*
Photo Office gouv. gén. de l'Algérie.

immense et dont la masse formidable défie depuis tant de siècles le temps et les démolisseurs comme pour attester la survivance de toute une civilisation disparue; c'est Rabat, la vieille capitale marocaine où chaque jour de nouveaux services nécessités par l'extension des besoins administratifs poussent, éclatant de blancheur parmi les palmiers et les rhododendrons; c'est Casablanca, abri pour barcasses, en 1908, et dont le mouvement de port n'est pas loin aujourd'hui d'égaler celui de Bordeaux; c'est Marrakech et Fez, si longtemps figés dans leur islamisme farouche, qui, sans rien perdre de leur caractère, s'éveillent à la civilisation française et voient au pied de leurs remparts plusieurs fois centenaires s'édifier de nouvelles cités... »

C'est enfin, renaissante « sur les ruines de l'empire croulant des deys », et sur celles de la dynastie des chérifs, l'œuvre admirable de nos pères réalisant l'unité de l'Afrique du Nord, dans un pur bloc de beauté arabe.

CHAPITRE IV

L'ART AFRICAIN : AU PAYS NOIR

Le type de l'habitation des noirs est d'origine saharienne. Elle se rapproche de celle de Sfax, de Sousse, de Gabès, soit du Sud-algérien ou du Sud-tunisien.

Son architecture est à base de terre ou *pisé*, sorte d'argile locale — où l'on mêle, souvent, de la paille hachée — façonnée soit en cube, soit en boule, parfois recouverte d'un enduit. Cette terre est battue, pétrie et maçonnée à la main. C'est là la construction dite *en banco*.

Les toits sont plats, formant terrasse, et les habitations comportent rarement plusieurs étages. Toutefois, dans la région du Soudan, on en rencontre à plusieurs étages, mais ce sont plutôt des maisons solennelles, celles de grands chefs, par exemple.

Ce mode d'architecture en terre correspond au régime sec, par opposition au régime pluvial. Et, si cette architecture n'existe que dans les régions sèches, elle dépend moins encore, cependant, de la nature des matériaux du sol que de la mentalité et des conditions sociales des indigènes.

Cette architecture serait d'origine maure. Du moins, l'échange architectural de la région soudanaise et de la région maure est-il plausible, étant donné notamment l'expédition triomphale sur Tombouctou, par le sultan de Marrakeck : El Mansour, surnommé El Dehebi « le doré », à la fin du XVIe siècle.

Nous aborderons maintenant le détail.

Si l'on écarte initialement les habitations des nomades maures et touareg, aux tentes en cuir, aux huttes démontables recouvertes de nattes, on observe deux types caractéristiques et distincts d'habitation en Afrique occidentale française, notamment : la *paillotte* et la *case*.

Une autre demeure, mais celle-ci, fortifiée, est le *tata* (fig. 76)

Photo Ag. E. de l'A. O. F.

Fig. 76. — DAHOMEY. *Intérieur du « tata » du chef Aho-Glélé* (région d'Abomey).

où réside, en Afrique, un chef nègre. Généralement, au Soudan, entre autres, les « tata » sont ceinturés par une muraille de terre dans laquelle sont pratiqués des créneaux.

La paillotte (fig. 77, 78 et 79) est constituée (tout au moins pour le toit) de matières végétales, et, malgré qu'elle soit particulièrement adaptée, ainsi que nous l'avons précédemment dit, aux climats pluvieux, on la retrouve jusque dans les régions sèches du Soudan septentrional.

La paillotte est tantôt ronde, tantôt rectangulaire.

Ronde, un toit conique en chaume, plus ou moins délicate-

L'ART AFRICAIN : AU PAYS NOIR

Fig. 77. — SOUDAN. *Cases indigènes.*

Photo Ag. E. de l'A. O. F.

ment façonné, la coiffe, et, des murs en terre séchée au soleil,

Fig. 78. — Haute-Volta. Village d'un chef de canton.
Photo Ag. E. de l'A. O. F.

— ou des piquets en bois, recouverts de nattes, — la supportent. Très rarement les murs en terre reposent sur un soubassement

Fig. 79. — HAUTE-VOLTA. *Un jeune Gouan devant sa case.*

de pierre. L'unique ouverture de la paillotte est la porte, parfois fermée avec une natte.

Point de fenêtres aux maisons, qu'elles s'appellent paillottes ou cases, car les mauvais esprits sont redoutables, et, à

Fig. 80. — SOUDAN. *Falaise de Bandiagara, greniers à mil.*

Tombouctou, par exemple, les ouvertures sont pratiquées de telle sorte que les esprits, dont le déplacement s'opère

L'ART AFRICAIN : AU PAYS NOIR

Fig. 81. — HAUTE-VOLTA. *Greniers à mil dans un quartier indigène, à Bobo-Dioulasso.*

du sud au nord, ne puissent pénétrer dans l'habitation.

Néanmoins, il y a des exceptions à cette règle, et, notamment dans l'Aurès, des fenêtres en forme de triangle renversé, donnent du jour à l'habitation.

Photo Ag. E. de l'A. O. F.

Fig. 82. — HAUTE-VOLTA. *Mosquée de Bobo-Dioulasso.*

Souvent, deux paillottes communiquent par une sorte de couloir.

Lorsqu'elle est rectangulaire, la paillotte arbore un toit à double dérivation d'eau. Les parois sont tantôt en bois, tantôt en terre. On rencontre surtout cette dernière en Afrique tropicale ou équatoriale, dans la forêt dense ou à sa proximité.

L'ART AFRICAIN : AU PAYS NOIR   113

Les huttes allongées en forme de bourriches, des Peulhs nigériens, peuvent lui être comparées. Une légère carcasse sur laquelle des feuillages sont maintenus par de minces lattes, la compose, à moins que ce ne soient exclusivement des nattes plus ou moins fines.

La hutte sur pilotis des villages lacustres de la Côte d'Ivoire

Photo Ag. E. de l'A. O. F.
Fig. 83. — GUINÉE. *Mosquée de El Hadj Omar, à Dinguiray.*

et du Dahomey, appartient à ce type suggéré, en somme, par les matériaux sylvestres.

Nous en arrivons à la *case*. La case est un édifice sommaire dont les murs sont confectionnés de terre séchée au soleil. Une terrasse, également en terre, sur laquelle les indigènes passent la nuit durant la saison chaude, la surmonte.

Ce mode de construction offre deux aspects différents, soit que l'on emploie pour construire les murs, des pelotes de terre séchées au soleil et recouvertes d'un enduit bien égalisé, soit qu'une sorte de boudin en terre spiralé, — comme on pratique pour la poterie, — la constitue.

Pour accéder à la terrasse de la case, l'escalier est représenté par une forte fourche en bois munie d'entailles profondes, que l'on retire la nuit, par sécurité. Toutefois, les indigènes connaissent aussi l'escalier façonné en terre.

Nota bene. — Les murs sur lesquels repose le toit de chaume, ne dépassent guère 1 m. 80, sans quoi il serait impossible à des hommes, de placer ce toit à bout de bras, ainsi qu'ils procèdent, après la confection de son appui. Quant aux petites fiches en bois (fig. 82) qui hérissent la case, elles servent à grimper sur la construction, lorsqu'on la récrépit.

L'habitation indigène comporte toujours un grenier (fig. 80) pour abriter les céréales. Tantôt c'est une jarre de grandes dimensions, en terre desséchée, tantôt une construction véritable, cylindrique ou cubique, mais isolée du sol par des pierres (fig. 81), à cause des termites. Nous n'insisterons pas sur la qualité esthétique de groupement de ces jarres, d'une forme si pittoresque, qui fait songer à une poterie géante.

A Madagascar, il existe aussi des greniers (à riz) ou maisonnettes au toit paillé et reposant sur quatre pieds assez élevés, afin de les défendre contre les rongeurs et contre l'humidité. Pour cette dernière raison, d'ailleurs, les cases des habitants des forêts malgaches sont aussi établies sur pilotis.

Mais, au Maroc comme en Tunisie et en Algérie, ce sont des greniers-forteresses ou greniers communs qui abritent les provisions.

Quant à la *mosquée* (fig. 82), elle n'est qu'un développement de la case. Toutefois, on remarquera qu'il en existe en terre et aussi entièrement en chaume (fig. 83). Lorsque les mosquées en terre comportent un minaret, on n'y accède point. Leur disposition à étages, aussi bien, n'existe que pour l'agrément de l'apparence.

Dans les pays habités par des Haoussa, on remarque des plafonds assez étendus, supportés par des arcs réalisés par encorbellement de madriers, et, sur les rives du Niger moyen,

Fig. 84. — Haute-Volta. *Un village bobo.*

les indigènes se sont ingéniés à couvrir les espaces trop vastes pour les madriers plutôt courts dont ils disposent, par des procédés qui rejoignent curieusement le principe de l'arc et de la croisée ogivale exaltés par l'architecture du moyen âge.

Pour être rudimentaire, d'ailleurs, le mode des béquilles

Photo Ag. E. de l'A. O. F.
Fig. 85. — HAUTE-VOLTA. *Une maison à Bobo-Dioulasso.*

employé pour superposer les étages, ajoute à l'intérêt de la construction des maisons de l'Aurès, entre autres, dont les poutres apparentes des plafonds évoquent la Renaissance, une Renaissance qui se serait contentée de troncs de palmiers en guise de poutres... portant horizontalement sur de vulgaires béquilles !

En Aurès, encore, les maisons ainsi que les *guélaa* (ou grands monuments) des Chaouïa, s'adressent moins au *pisé* qu'à la pierre dont leur sol est si riche. Et l'on voit la pierre de dimension édifier les guélaa, tandis que la petite pierre s'adresse à

Fig. 86. — HAUTE-VOLTA. *Village indigène de Bobo-Dioulasso.*
Photo Ag. E. de l'A. O. F.

la maison commune, au gré du « matériau » qui, sans façonnage, se superpose aussi, sans ciment.

Le granit de la Bretagne, le grès des Vosges, n'inspirèrent pas autrement ces régions françaises, et, pour en revenir à la construction *en banco*, nous voyons que celle-ci se prête à des ornements tels que plates-bandes, contreforts et pinacles qui, bien que relevant du style primaire, ne s'en altèrent point à nos yeux. Quelque évocation de notre superbe manifestation ogivale, même,

Photo Ag. E. de l'A. O. F.
Fig. 87. — Côte d'Ivoire. *Maison d'un notable*.

se révèle dans ces monuments de terre comme la mosquée de Djenné. Djenné! « le joyau de la vallée du Niger »!

Au reste, n'a-t-on point établi un parallèle entre l'architecture almohade du Maroc, (représentée notamment par la kasba des Oudaïa [et sa porte réputée (fig. 55)], la mosquée et la tour Hassane à Rabat, la mosquée et le minaret de la Koutoubia, à Marrakech, sous Yakoub El Mansour, dans la seconde moitié du xiie siècle) et notre art roman?

Et, de même, n'a-t-on point rapproché l'architecture mérinide, au Maroc encore (du milieu du XIIIe siècle à la fin du XVIe), plus souple et plus variée en sa fantaisie moins hautaine que la précédente, particulièrement adaptée à la guerre et à la religion, tandis qu'elle s'était amenuisée dans la grâce, à notre ogival flamboyant?

Et ne voilà-t-il pas que, toutes proportions gardées, nous com-

Fig. 88. — SOUDAN. *Artisans indigènes à Niafunké.*

parerions aussi la majestueuse architecture alaouite, toute en pierre, parée de riches faïences, à notre XVIIe siècle ?

Ces singuliers monuments en terre, — nous revenons ici à ceux de l'Afrique occidentale, comme la mosquée de Djenné, — qui ont besoin d'être récrépis chaque année, en raison des pluies de l'hivernage, sont, au vrai, réellement imprévus, et, malgré qu'ils ressemblent à ces châteaux de sable que les enfants construisent sur nos plages européennes, ils ne manquent point de grandeur.

Nous ajouterons au chapitre de la construction modeste, que, dans certaines régions, celle-ci s'avantage d'un étage, mais plutôt, ainsi que nous l'avons dit, en faveur des notables. Et, avant d'en terminer avec l'habitation exclusivemen. en terre, nous constaterons que si elle se préserve contradictoirement mieux du froid que de la chaleur à cause de ses rares ouvertures, elle est, en revanche, plus facile à défendre, car on ne peut l'incendier aussi aisément qu'une paillotte en chaume.

Bref, qu'il s'agisse de paillotte ou de case, de gourbi troglodyte ou de tente, l'abri indigène ne varie guère que su les bases sus-indiquées. La roche comme le sable et la terre, de même que le bois, guidant l'architecte sommaire avec l'atavisme de sa race. Et, la couleur de ce roc ou de ce sable, de ces feuillages ou de ce chaume, sont tout un poème de soleil qui s'ajoute à ces formes et à ces caprices le plus souvent dictés par la nature.

D'ailleurs, les habitations sur pilotis des Cambodgiens et des Malgaches sont sœurs de celles de l'Afrique, alors que l'architecture soudanaise (en terre séchée au soleil) des pays nigériens, s'avère vraiment originale, du moins depuis que l'influence berbère la pénétra, dès le xive siècle. Au surplus, l'image a popularisé les *tata* d'Ahmadou et de Samory, conquis glorieusement par nos soldats.

Pour clore cependant, l'intérêt des demeures soudanaises, nous signalerons, au pied du « tata » imposant, l'humble mais très originale demeure des Songhoïs, composée de nattes fixées sur une armature oblongue en bois, dont le toit cintré évoque la coque renversée d'un navire. Nous l'avions oubliée parmi les formes précédentes. Il nous reste à parler maintenant, des fantaisies architecturales jouées sur le thème africain. La « brousse » n'a point échappé davantage que la ville, à la contagion européenne. De même qu'il existe maintenant des architectures franco-algérienne, franco-marocaine, franco-tunisienne, l'Afrique occidentale française se flatte de monuments dus à l'initiative de colons, d'ingénieux fonctionnaires.

On jugera de ces œuvres non déplaisantes, par notre image (fig. 92). A côté de bâtiments voués à la stricte commodité administrative ou à la représentation officielle, comme l'*Hôtel du Gouvernement*, à Ouagadagou et la *Résidence* (fig. 92), à Kaya, dans la Haute-Volta, le *Palais de Moro-Naba* à Ouagadagou, aussi, témoigne notamment de la demeure d'un prince

Fig. 89. — HAUTE-VOLTA. *Une case de fétiches, dans le pays gouan.*

indigène rallié à quelque confort européen et due encore à un architecte bénévole de chez nous.

Au fait, c'est un Français nommé Cornut, originaire d'Avignon, qui, à la fin du XVIIIe siècle, sera l'architecte de la ville de Mogador, au Maroc! Même, c'est à Cornut que l'on devrait la formule des *skalas* ou batteries qui défendent plusieurs ports de la côte atlantique!

Notons enfin, pour revenir à notre architecture franco-africaine, naturellement de plus en plus répandue, que celle-ci utilise la brique cuite au soleil et crépie à la terre.

A la sûre compétence de M. Fr. de Zeltner, fonctionnaire colonial dont les travaux d'ethnologie, d'anthropologie et d'archéologie font autorité, et dont la connaissance des types de l'architecture soudanaise nous guida expertement, nous joindrons le savoir non moins distingué de M. Daniel Marquis-Sébie, autre éminent écrivain colonial, doublé d'un sculpteur et peintre de talent.

La vision parallèle de M. Marquis-Sébie achèvera de nous instruire su la construction chez les noirs, dans la Haute-Vallée du Niger.

Nous lui devons les notes originales qui suivent :

« A Tombouctou « la Mystérieuse », les constructions sont en *pisé* (banco), mottes de terre grisâtre agglomérées. Ainsi, par la juxtaposition de ces « toffas », les murs s'élèvent.

Aux angles des murs, les ouvriers mettront des morceaux de bois ou de bambou, à l'intérieur de la terre. Les murs ont une épaisseur de 0 m. 30 à 0 m. 40 environ. Les ouvertures sont garnies d'un cadre en bois. Une terrasse (argamasse) constitue le sommet. Celle-ci est bordée d'un petit mur de peu d'élévation (0 m. 30 à 0 m. 50 de hauteur), ou de caillebotis (mur ajouré), qu'ornent parfois des pylônes séparés, d'une façon inégale, proportionnellement à l'importance de l'édifice. D'une hauteur et d'une épaisseur variables sont aussi les pylônes.

Des gargouilles en bois (simple bois creusé) disposées au coin ou tout le long des terrasses, facilitent l'écoulement de l'eau qui, pendant l'hivernage, risquerait de stagner et de provoquer la désagrégation de la terre.

Les portes des constructions sont généralement abritées sous un auvent. Il faut voir dans cette mode, non seulement un désir d'ornementation, mais aussi une sage précaution pour garantir l'intérieur de la demeure contre les rafales de sable.

Les fenêtres, plus hautes que larges, affectent des décors fantaisistes : tantôt des baguettes de bois en croisillons rappelant le style mauresque, tantôt un panneau plein où ont été pratiquées des ouvertures ovales, en losanges, en croissants.

A l'intérieur de ces bâtisses, on rencontre, attenant aux murs, des estrades surélevées de quelques centimètres, en « banco » encore, sur lesquelles on étend une natte pour dormir. Un surélèvement plus important fait office de table, d'évier, etc.

Photo Ag. E. de l'A. O F.
Fig. 90. — DAHOMEY. *Tombe du roi Guézo, à Abomey.*

Quelquefois, la simple estrade ou ce surélèvement, sont revêtus de ciment.

Comme élément architectural, très peu de motifs hors les pylônes, les caillebotis, les divers modes de fenêtres, les gargouilles.

Les mosquées de Djinguerer-Bey et Sankoré portent des bois fichés dans la terre qui, dépassant de quelques centimètres (quelquefois d'un mètre), donnent l'aspect de barbelures (fig. 82). Faut-il voir là, en dehors de la facilité de recrépir la construction, ainsi que nous le supposions précédemment, un élément de décoration ou simplement un procédé destiné à maintenir la terre qui risquerait de se désagréger sous l'effet des pluies ? L'exemple le plus frappant de ces barbelures se trouve à Gaô (*alias* Gogo, dans les anciens atlas), à la courbe inférieure du Niger, à environ 300 kilomètres à l'Est de Tombouctou.

Le tombeau d'Askia-le-Grand (fig. 91), ancien chef de l'Empire Songhoï, affecte la forme d'une pyramide d'une vingtaine de mètres de hauteur, semée de barbelures.

La ville de Djenné (ce même Yenné dont parle Jules Verne dans *Cinq semaines en ballon*), située presque au confluent du Niger et du Bani (*Mayel Ballevel*, pour les indigènes), est une sorte de Mont-Saint-Michel qui offre des modes de constructions plus typiques que Tombouctou. Il se pourrait même que Tombouctou ait emprunté son style à Djenné, plus ancienne que « la Mystérieuse » (an 765 de notre ère).

La mosquée, haute de trente mètres, qui s'élevait au bord du marigot des iguanes sacrés, il y a encore une vingtaine d'années, aujourd'hui comblé par mesure d'hygiène en raison de la floraison de moustiques qu'elle entretenait, représente un édifice imposant. L'architecture de ce lieu saint pour les Musulmans, en « banco », toujours, avec une armature de bois, affecte une forme plus typique, plus recherchée que celle rencontrée à Tombouctou dans les deux mosquées précédemment citées.

Les pylônes qui surmontent les bords de la mosquée sont plus élancés, et, sur les murs, un souci d'ornement apparaît nettement marqué.

L'intérieur de la mosquée, dont le sol est la terre battue, comprend une trentaine de piliers carrés de 0 m. 60 à 0 m. 75 d'épaisseur, qui donnent à ce vaste édifice une allure de temple.

Non loin de cette mosquée se dresse la médersa, du même style agrémenté de festons en relief tout à l'entour du sommet, où les jeunes Musulmans vont s'initier à l'exégèse coranique.

Les maisons particulières de Tombouctou et de Djenné diffèrent des autres demeures des petits villages et même des grosses agglomérations de ces parages, en ce qu'elles ne sont pas couvertes de chaume.

Toutes comportent des terrasses (argamasses), et seuls les dépendances et les abris sont paillotés.

Il est certain que le style des constructions de ces deux cités saintes de l'Afrique occidentale française reflète une inspiration nilotique et date de l'exode lointain (vi{e} siècle après J.-C.) des peuplades de l'Est vers l'Occident.

Photo Ag. E. de l'A. O. F.
Fig. 91. — SOUDAN. *Tombeau d'Askia-le-Grand, à Gaô.*

C'est là le style pharaonique.

On a voulu voir, dans les pylônes qui agrémentent l'architecture des « cases » de Djenné, un vestige de quelque culte phallique. Il est pour le moins prudent d'accepter cette thèse sous toutes réserves, comme d'ailleurs tous les commentaires qui se rapportent aux créations locales n'emprisonnant souvent aucun symbole.

Disons simplement, et pour côtoyer de plus près la vérité, que ce motif sourit beaucoup aux autochtones, puisqu'il se retrouve en maints endroits, dans les demeures des rives du

Niger, depuis Nyamina, Ségou, Sansanding, Mopti, Niafunké jusqu'à Ansongo, en empruntant les branches du fleuve au sortir du lac Dhebo (Issa-Ber), abritant Niafunké (Bara-Issa), où se trouve le village typique de Saraféré.

Vers le Sud-Est, à Bandiagara, on rencontre également ce même type de constructions, ainsi qu'à Ouagadougou, Bobo-Dioulasso, Banfora (Haute-Volta), et dans la colonie du Niger (Niamey, Zinder, etc.).

Il faut noter enfin, que les Européens ont adopté ce modèle de bâtisses qui répond au caractère local et s'adapte à merveille aux conditions climatiques : une forte chaleur et de courtes pluies.

Les baies pratiquées dans les murs sont très vastes pour permettre le maximum de circulation d'air, à laquelle s'emploient d'autre part, des vérandas circulaires et des terrasses pour respirer au frais et y reposer la nuit. »

Dans le reste de l'Afrique occidentale française, rien de saillant au point de vue architecture locale. Le Dahomey seul, présente non point un type spécial de constructions, mais un genre de décoration des demeures où se trouve tantôt une inspiration religieuse fétichiste, tantôt une fantaisie aimable. Le palais des rois d'Abomey est parfaitement édifiant à cet égard.

Une promenade, maintenant, à travers la ville et le village noirs, accentuera nos connaissances en les animant, tandis que nos gravures parleront aux yeux.

Nous emprunterons à M. Georges Hardy *(L'Art nègre)* cette constatation liminaire. « Pour tout ce qui regarde son corps, sa demeure, son village, et dans la mesure où les circonstances le lui permettent, le noir d'Afrique fait preuve de ces qualités de soin, de goût et d'ordre, qu'on peut considérer comme une manifestation primordiale du sens esthétique : il est bien supérieur en cela au Berbère, par exemple, qui se résigne si aisément à la crasse et dont les villages les mieux bâtis ont toujours un air de campements misérables ; il est rare qu'un village noir ne séduise pas par la netteté de ses « carrés » soigneusement balayés, par

L'ART AFRICAIN : AU PAYS NOIR 127

Fig. 92. — HAUTE-VOLTA. *La Résidence, à Kaya* (archit. néo-africaine).

Photo Ag. E. de l'A. O. F.

la coquetterie de ses intérieurs où tous les objets ont une place, par un air d'intimité tout idyllique... »

Avec Louis Sonolet, ensuite *(l'Afrique Occidentale Française)*, nous pénétrerons à Porto-Novo par des rues au sol rouge : « ... Tous les mêmes, ou à peu près, des logis construits en *terre de barre*, c'est-à-dire en terre glaise du pays provenant de la décomposition de l'argile en oxyde de fer. Le modèle rappelle la maison antique avec son vestibule et ses pièces ouvrant toutes sur une petite cour centrale. Quelques maisons, recouvertes d'un enduit jaunâtre, surprennent par leurs dimensions importantes, leur apparence européenne et riche, et le souci d'architecture qu'elles révèlent. En elles se retrouve de façon imprévue le style espagnol du XVIe siècle... »

Puis, toujour à Porto-Novo, un rectangle brun rouge, ouvert à tous les vents, précisera le village précédemment esquissé, avec, plus loin, trois pans de murs abritant une termitière d'architecture stalagmitique, et, plus en arrière, des cases encore coiffées de chaume. Au dedans, des nattes à terre, quelques jarres rougeâtres tapissées de mousse, des écuelles, un foyer fait de trois blocs de terre de barre : c'est tout, hormis, bien entendu, les fétiches, pendus de-ci de-là, traînant dans tous les coins obscurs.

« Où sont les grands « dougous » malinkès et bambaras, interroge M. Daniel Marquis-Sébie, qui nous inspire cette dernière description, ce monde de huttes en forme de champignons, que l'on se prend tout à coup à regretter?... »

A Dakar, maintenant, voici des cases indigènes, aux palissades de branchages d'où émergent des toits ronds de chaume, et, à Konakry, toute une succession de maisonnettes crépies de jaune.

Chez les Bororos, au Cameroun, autre formule de domicile; celle-là évoquant curieusement la crinoline de nos grand' mères !

Imaginez une carcasse formée de branchages enfoncés en cercle dans le sol, reliés par des liens d'écorce et ligaturés au sommet.

Il est vrai que les Bororos ne sont ainsi raffinés que durant la saison pluvieuse, car, en saison sèche, ils couchent en plein air, seulement protégés du vent par des haillons accrochés à des perches entre-croisées.

Si nous retournons au Dahomey, voici les paillotes de Sakété, et, dépassant cette ville, M. D. Marquis-Sébie remarque chez les Nagots une case de style différent : « La terre de barre se dissimule sous un revêtement d'une note plus claire, ocre jaune,

Fig. 93. — SOUDAN. *Vue générale de Tombouctou.*

où les pluies ont mis des salissures. Le soubassement porte une teinte rose patinée, bien effritée, par endroits rongée de lèpre; les portes et les étroites fenêtres sont enduites d'une mixture verdâtre. » Sur ces fonds, figurent des motifs dessinés, communs d'ailleurs à plusieurs cases, sur lesquels nous reviendrons à propos des arts plastiques. En descendant le cours du Niger, Louis Sonolet a relevé un véritable style d'architecture indigène qui a, d'après l'auteur de l'*Afrique Occidentale Française*, triomphé des difficultés du banco, « cette boue difficile à fixer..., si grossièrement employée partout ailleurs... »

« Toutes les cases importantes de la ville (Segou) sont bâties d'après un modèle uniforme. Des pyramides quadrangulaires s'élèvent au-dessus de la porte d'entrée, des pilastres en forme de troncs de pyramide l'encadrent. Les lignes sont droites et symétriques. L'ensemble suggère un souvenir lointain et confus de la vieille Egypte des Pharaons. »

Mais nous avons précédemment souligné la beauté similaire des monuments en terre de Djenné, qu'une corporation de maçons *(les bari)*, archiséculaire, façonna à la main, et qui rejoignent, dans notre pensée, certaines extraordinaires kasbas marocaines dont les cités antiques comme Segou et Djenné tiennent à rappeler les premières invasions, au XVIe siècle.

De Louis Sonolet encore, même source, cette esquisse de Tombouctou (fig. 93) :

« La ville se présente sous la forme d'une longue île de maisons en banco gris-brun à un étage, surgissant tout à coup au milieu des plaines semi-désertiques. Deux édifices dominent les terrasses carrées : ce sont les mosquées de Djingerer-Bey et de Sankoré, toutes deux surmontées d'une sorte de pyramide aux arêtes confuses et qui croulerait sans doute, vu le peu de solidité de sa substance, si elle n'était retenue par tout un système de tiges de bois sur lesquelles reste posée jour et nuit une nombreuse tribu de cigognes noires et blanches... »

Sur cette nouvelle conjecture, où les lois de l'équilibre tiennent, cette fois, de la poésie, nous terminerons notre aperçu d'une architecture africaine des plus intéressantes et variées.

Architecture primitive et sommaire, certes, mais si ingénieuse, si étonnamment intuitive !

Non point toujours naïve, cependant, si l'on en juge notamment par certain artifice architectonique dont usent les maçons haoussa pour supporter leurs plafonds.

M. de Zeltner, effectivement, après avoir décrit l'embarras dans lequel on se trouve au Soudan, par suite de la rareté des bois de charpente, leur manque de solidité et aussi leur longueur réduite (les palmiers seuls pouvant fournir des poutres de dimension), pour l'établissement de soutiens d'une portée étendue, donne, en détails, le moyen suivant que nous résumerons. Il s'agit d'une construction d'arcs en plein cintre, réalisée au moyen de morceaux de bois de petite dimension « disposés dans un plan vertical, de telle façon que chacun d'eux serve de console à celui qui le surmonte et le dépasse du quart de sa longueur, environ ».

Après quoi, lorsque d'autres précautions comme le calage des bois — pour que la poussée de l'arc ne les fasse pas basculer — ont été prises, on noie cette armature dans la maçonnerie « en banco » ou en terre battue, que nous savons.

Les **Haoussa** ont recours, d'autre part, au système de la croisée d'ogives, qu'ils prétendent avoir conçu, de même que le précédent. De telle sorte que, comme le remarque fort curieusement M. de Zeltner, ces « demi-civilisés » ont « sinon inventé, du moins appliqué les deux principes qui firent la fortune de l'architecture au moyen âge : le principe de l'arc et la croisée d'ogives ».

Exemple, pour l'application des deux principes réunis : la grande salle du poste d'Agadez (capitale de l'oasis d'Aïr ou Asben).

M. G. Hardy, dans l'*Art nègre*, vante judicieusement l'art du Dahomey, et il cite, à ce propos, le palais d'Abomey, « un véritable monument ». « Les chapelles funéraires des rois, décrit l'auteur, bien qu'elles affectent la forme de grandes cases rondes et basses, sont fort différentes des autres constructions dues à des noirs. Surtout, ces demeures et même les maisons des simples particuliers sont ordinairement décorées : bas-reliefs en argile, qui figurent des animaux ou des scènes de la vie sociale et politique, combinaisons géométriques de bois ouvrés et ajourés, qui se retrouvent dans l'art du meuble et qui constituent véritablement un style, facile à reconnaître au premier coup d'œil. »

Mais nous parlerons plus loin des bas-reliefs du palais des rois à Abomey, et, auparavant, un aperçu général de ces constructions en pisé et en chaume qui constituent le dit palais, s'impose.

A la demeure de chaque roi s'ajoutaient donc son tombeau et ses autels, dont les murs, dit-on, recouverts d'une couche de kaolin blanc, seraient en terre pétrie avec de l'alcool, des cauris, du sang d'hommes et d'animaux. Cet « amalgame de cases, de cours et de murs d'enceinte autrefois couronnés de crânes humains », qui représentait le palais et dont seuls le glèlé et le ghèzô sont restaurés, forme un « tata » d'une superficie de 35 à 40 hectares, et M. Em.-G. Waterlot nous apprend encore que les vestiges du mur d'enceinte de ce « tata », avec des saillants et des rentrants, attestent une hauteur de huit à dix mètres, et que les portes d'accès, larges de quatre mètres environ, étaient encore flanquées (en 1911), de leurs corps de garde. »

« Chaque bâtiment à l'intérieur du palais, note d'autre part cet écrivain *(Les bas-reliefs des bâtiments royaux d'Abomey)*, affecte la forme d'un rectangle allongé. Il est séparé dans son grand axe par un mur qui le transforme en deux couloirs dont l'un remplit l'office de véranda. La couverture est en chaume. La charpente, en nervures très droites de palmiers raphia, comporte des fermes à trois montants, celui du milieu, plus court et légèrement oblique, reposant sur le mur du centre de l'édifice. Les ouvertures de la façade forment de larges baies séparées par des piliers en bois et quelquefois par des piliers en terre. Le mur postérieur n'a qu'une ou deux ouvertures qui donnent accès dans les cours, tandis que, dans la cloison médiane, sont percées symétriquement des portes et des fenêtres... »

Nous nous intéresserons, ensuite, à l'art graphique et aux manifestations peintes chez les noirs.

Nos colonies françaises — pour nous en tenir à notre programme — débordent de graffiti. Nous avons parlé des gravures rupestres dans le Sud-Oranais et dans le nord de l'Afrique, nous verrons en Néo-Calédonie pareilles inscriptions primitives. Il semble même que l'on ait voulu excessivement donner un sens aux moindres incisions barbares. De telle sorte que l'art dut souvent s'incliner devant l'archéologie. Et nous pourrions fréquemment nous ranger à l'avis des Touareg, attribuant tous les graffiti à un géant légendaire qui les aurait faites en manière de passe-temps. Les Touareg n'attacheraient aucune espèce de signification à ces graffiti, quoique reconnaissant très bien les divers sujets représentés. Ils nous donnent ainsi une prudente leçon.

Par ailleurs, de singulières contradictions se sont établies entre les peuples d'une civilisation assez avancée, plutôt inférieure comme art, et ceux qui, comme les Bosjemans de l'Afrique orientale et les Fans ou Pahouins, s'avèrent plutôt esthétiquement doués malgré que rangés par l'éthnologie dans le dernier échelon de l'échelle sociale... Hélas! la mode aidant, nous verrons bien célébrer l'art nègre à l'égal de l'art grec!

Mais mesurons notre enthousiasme, et, en attendant de revenir sur cette comparaison pour le moins téméraire, nous retournerons par exemple, au Bas-Dahomey où nous avons vu certaines cases ornées de peintures : animaux fantaisistes, personnages, scènes de cours et autres traductions naïves.

C'est là l'art des Nagots, cet art « yorouba » qui aperçoit l'histoire et la mythologie fétichiste avec une imagination aussi capricieuse que passionnée.

« Affilié peut-être plus ou moins directement à d'antiques influences carthaginoises ou gadétaines, l'art yorouba, dit le préfacier de l'*Art dahoméen* (collection du gouverneur Merwart), s'est rénové, semble-t-il, au contact des navigateurs portugais qui, à partir du dernier quart du xve siècle, se sont mis à fréquenter la côte de Guinée; d'où les étonnants bronzes yorouba de l'ancien royaume de Gbini (Bénin) où se reflète étrangement l'art médiéval, dit « gothique », dans les formes mêmes où il existait alors au Portugal. »

Après les bronzes yoroubas, M. Daniel Marquis-Sébie nous renseignera sur certains procédés techniques et sur l'expression rudimentaire de la peinture, chez les Nagots encore, initiés d'une manière si imprévue à notre architecture du moyen âge... transférée, il est vrai, dans la manière portugaise :

« Trois ou quatre couleurs rarement combinées : de la sève d'« odjé », voilà pour le rouge, l'indigotier pour le bleu, le jaune avec de l'« efoun » (argile sortie du fond de la terre, d'un blanc tirant sur l'ocre), un peu de charbon et de la craie. Le vert s'obtient avec des feuilles pilées, « éweilé », longtemps macérées. A l'examen, très peu de bavochures, d'embus, assez de sûreté dans le jeu du pinceau, pinceau fait d'un morceau de bambou défibré. Les personnages affectent toutes les poses, non pas seulement le chef de profil et le corps de face selon la technique égyptienne... »

Au reste, en dehors de quelques manifestations réellement picturales, intéressantes chez les noirs, les coloriages abondent, mais, de même qu'à toutes les époques primitives, le goût des géométries élémentaires domine. Deux ou trois terres différentes suffisent à la couleur. On fouille toujours dans le sol, de même que l'on y puisa les matériaux de construction, les teintes employées sont celles que l'on a sous la main.

C'est, en guise de céramique, le fruit du calebassier qui fournit aux noirs les pratiques récipients dont ils usent. C'est en terre de barre que l'on façonne des poteries au Dahomey, et les paillottes sont issues des forêts limitrophes comme les cases, de la terre aride. C'est la peau de l'hippopotame qui compose le bouclier des Somalis.

Les noirs sont logiquement coloristes, du fait de leur climat, de leur paysage violent sous le soleil ardent. Les quelques tissus dont ils se parent ne doivent qu'à un sentiment décoratif engendré par la coquetterie innée (un souci de sommaire pudeur ou de hiérarchie), soit dans la diversité de leur teinture, soit dans l'agrément de leurs couleurs plus ou moins brutalement associées en des décors ingénus. Ces mêmes décors peints, sont nés au bout d'un pinceau primitif, comme ces incisions dans la pierre ou le bois sont issues de quelque lame grossièrement maniée, comme ces gravures dans le métal ressortissent à quelque burin maladroit.

Certes, il est des exceptions à la généralité, mais on ne s'étonnera point que cette étrangeté, que cette ignorance, aient acquis à nos yeux modernes, souvent obscurcis par le snobisme, la valeur d'une nouveauté savoureuse, voire exemplaire, et soient toute la révélation d'un art supérieur !

« On s'est plu, a dit M. A. Warnod, à comparer cet art nègre à l'art archaïque grec. Placée pour établir cette comparaison à côté d'une tête nègre, une tête grecque paraît froide et sans vie tant la tête nègre est vigoureuse. L'art grec conserve naturellement son admirable harmonie et sa beauté surhumaine, mais si du premier coup on n'est pas exaspéré par l'excessif et le piment de l'art noir on finit par trouver, comparé à lui, tout le reste fade et monotone... »

Au vrai, en dehors de leur piquante curiosité, de leur fréquent intérêt décoratif, de leur touchante candeur, ces « chefs-d'œuvre » des noirs n'ont avec l'idéal plastique de notre tradition, qu'un rapport bien vague.,. Et quel besoin d'ailleurs, avait-on d'établir un parallèle entre une infiniment intéressante et originale manière noire et notre propre interprétation de la forme humaine? A moins que, pour faire excuser sa turpitude, certaine « esthétique » moderne, hors la loi de beauté, en appelle à la hideur dont elle se réclamerait, désespérément !

L'opinion avancée de M. Warnod s'harmoniserait avec celle de M. Paul Guillaume déclarant, dans la *Dépêche africaine* : « C'est un bonheur de ce siècle d'avoir fait émerger de l'antique Afrique les splendeurs d'une statuaire dont le règne ne fait que commencer... »

Mais nous laisserons à *Mirador*, pseudonyme sous lequel se cache une personnalité coloniale, le soin de mettre au point cette flamme qui brûle, pour le moins exagérément, en faveur des « splendeurs » de la statuaire nègre, car c'est d'elle qu'il s'agit. « Il n'est nullement question de nier un certain art nègre, dit l'auteur, dans le *Midi-Colonial*, mais, s'il est une source d'observations profitables, c'est uniquement d'un point de vue psychologique, d'une recherche des points de contact que l'esprit qu'il décèle peut avoir avec l'esprit de notre civilisation. N'oublions pas que notre mission est d'élever jusqu'à nous les races attardées; elle n'est pas de mettre la nôtre à leur niveau, parce que, si ce n'était que pour « désapprendre », les nations européennes n'auraient rien à faire sur les bords du Sénégal, du Niger, du Congo et du Zambèze. »

Gardons-nous donc bien d'excéder la mesure; « l'art nègre est à explorer sérieusement et on ne peut le négliger, — c'est *Mirador* qui reprend la parole, — au même titre qu'on ne néglige pas l'état des primitifs d'Europe, il est porteur de symboles, d'apparence grossière sans doute, mais qui révèlent les aspirations et les inquiétudes d'une race connue seulement jusqu'ici en superficie, c'est-à-dire dans ses rapports avec les blancs. »

On ne saurait mieux dire, et nous sommes avec le distingué collaborateur du *Midi-Colonial* pour situer exactement à sa place l'art nègre, dont l'originalité, si elle doit être précieusement conservée, entretenue et continuée en ses moindres expressions sous son ciel, ne saurait — grands dieux! — servir de modèle et encore moins faire école de nos jours! N'attendez point de nous, enfin, que nous dégagions des styles divers à travers ces prémices...

Nous avons dit combien au Maroc et en Algérie, — nous verrons plus loin à Madagascar et en Indochine, — on s'employait efficacement à faire revivre les industries d'art indigènes du passé, et quelle volonté de défendre les moindres réalisations de beauté traditionnelle existantes était à la base des directives officielles. Un pareil souci se manifesta à la veille de l'*Exposition coloniale internationale de Paris* (1931), pour un résultat aussi heureux (en faveur, cette fois, des peuplades de l'Afrique occidentale française qui soutinrent la comparaison avec la civilisation arabe ou asiatique) que M. Léon Cayla appelait prophétiquement de tous ses vœux.

« Il faut, disait le gouverneur général de Madagascar, profiter de l'Exposition pour prendre à l'égard des arts populaires indigènes les mesures conservatoires qui s'imposent. La musique, la peinture et la littérature indigènes sont à peu près inconnues du public de la métropole. En les faisant connaître à la masse du peuple français on les préservera de la disparition qui les menace. »

Et nous voici toujours davantage rentrés ainsi dans la voie d'une admiration tempérée, non point condescendante mais ajustée, échappant, au surplus, à tout rapprochement inutile.

De ce point de vue, l'art nègre séduira justement. Sa franchise, sinon sa gaillardise, son réalisme, son intensité d'expression, sa verve caricaturale (consciente ou non) et sa formule ornementale, sont autant de titres à notre satisfaction artistique qu'à notre goût du sauvage et du mystérieux. Souvent même, quelque délicatesse hante certains masques, notamment, qui légitiment en somme notre admiration attendrie.

Du côté de la sculpture appliquée, nous avons enregistré les curieux bas-reliefs d'argile polychromes du palais des rois,

Photo Ag. E. de l'A. O. F.

Fig. 94. — DAHOMEY. *Bas-reliefs du palais des rois, à Abomey.*

à Abomey (fig. 94), dont, cependant, le plus qu'on puisse en dire est qu'ils balancent harmonieusement des ébauches de formes humaines.

« Ces bas-reliefs, suivant M. Em.-G. Waterlot, ordinairement exécutés en demi-bosse, sont complètement encastrés dans les murs et leur modelage effectué par adjonction de terre. Leur décor est polychrome, les teintes ayant été obtenues avec des produits végétaux, semblables à ceux dont les Dahoméens se servent pour teindre leurs cuirs ouvragés, et des ocres mélangées à du kaolin et à de l'huile de palme suivant certains indigènes, à du blanc d'œuf suivant d'autres. »

Ces prémices, en vérité, n'atteignent point à l'art archaïque grec, non plus que telle tête de diablotin (fig. 79) gaufrant telle case. Simples jeux de modelage enfantin, que nous retrouverons, taillés au couteau, sur quelque sanctuaire fétiche dont les piliers de la façade s'adornent d' « ajours, de bas-reliefs, — non moins naïfs, — de rangées de triangles ponctués de simili-croix de Malte alternant avec des losanges barrés d'une baguette, de festons incurvés en forme d'U majuscule ». Agréables balbutiements, naturellement prodigués au demeurant, puisque le geste instinctif fut toujours celui de l'enjolivement par la couleur et le relief, aussi loin que l'on remonte. C'est une cuillère en bois, c'est un couteau à bétel ou un tam-tam sacré, c'est une écuelle, un mortier et son pilon, le poteau d'une case ou un bâton de commandement, la boiserie d'un meuble sacré, — à moins qu'une amulette jouant au bijou — qui, aussi bien qu'une idole ou qu'un fétiche, auront les honneurs d'un décor d'entailles ou d'une sculpture souvent accompagnés de fibres, d'étoffes, de bagues de métal, de coquillages et autres ingrédients imprévus.

Sincèrement, on rêve moins de stylisation — devant les statuettes sommaires des noirs — que de maladresse, à moins que, parmi toutes ces expressions naïves et impressionnantes de hideur, — souvent, — quelque tête pahouine ou du Bénin, n'émeuve, si proche qu'elle est de la statuaire égyptienne.

Statuettes de préférence en bois dur, voire en corne, en ivoire, en bronze, en plâtre, en pierre ou en terre cuite vernissée, où s'incrustent volontiers des coquillages, des perles, des pierres, tandis que l'abdomen s'avantage d'un miroir...

Au résumé, un art que l'on se plaît à distinguer supérieur au Dahomey, sur la Côte d'Ivoire, au Cameroun, au Bénin, chez les Pahouins, un art dont l'irrégularité, au reste, vit d'exceptions qui ne sauraient borner aucune surprise.

Nous insisterons sur la supériorité de l'art des Dahoméens, pour la diversité, au surplus, de leurs expressions et le développement de leurs facultés d'imitation qu'ils tiennent d'un contact plus ancien et plus étroit avec les blancs. Dans l'art

Photo Mus. d'Ethn. du Trocadéro.
Fig. 95. — DAHOMEY. *Le dieu de la guerre, statue en fer* (détail).

du meuble, non moins que dans la ferronnerie, le Dahomey s'est distingué, et ses statuettes en cuivre, en fer (fig. 95) ou en laiton, sont aussi goûtées que ses poteries rouges, blanchies à la chaux et noires.

Pour la première fois dans l'art nègre, des noms d'artistes modernes nous parviendront du Bas-Dahomey, ce sont, notamment : Kokpo, fils de Mévo, à Gbékon (Abomey), Vianvodé, fils de Koussou-Naëton, de Hévié-sur-Ssô, établi à Gléhoné (Ouydah), Fala-Dahoun, fils d'Agossa, à Agado (Kétou-Kpé), qui brillent dans la sculpture sur bois; Porto-Novo se targuant de l'ébauchoir habile d'Asogba.

On doit à Asogba, fils de Wossou, installé aussi à Porto-Novo, dans la case paternelle, des statuettes en terre cuite peinte dont sir Hugh Clifford, gouverneur de la Nigéria britannique, a dit : « L'art avec lequel elles sont façonnées, est supérieur à tout ce que j'ai vu en Afrique occidentale, exception faite seulement pour le Bénin. »

Parmi les peintres, le nom d'un jeune artiste soudanais nous a été donné tout récemment, celui de Kalifala Sidibé, qui expose dans une galerie parisienne : des animaux horrifiants à souhait, parmi des forêts traitées minutieusement, des personnages aussi où l'on retrouve, disent les journaux, la pose un peu guindée des statuettes fétiches.

A propos du meuble, si rare chez les noirs, nous devons encore célébrer l'initiative des Dahoméens. Ils ont aussi curieusement sacrifié au meuble rituel qu'au meuble domestique. Dans le premier genre, voici des sièges en bois de *rocco* ou teck de Guinée. Plutôt des plateaux avec supports sculptés, servant à s'asseoir aux officiants, ou à présenter des offrandes. A ces plateaux-supports s'oppose l'élégance des sellettes, aux montants ajourés en losanges, qui s'apparentent comme forme aux trônes royaux (fig. 96) conservés à Abomey. Des escabeaux à trois ou quatre pieds, des tabourets (fig. 97), d'une seule pièce, complètent cette expression mobilière que la collection réputée du gouverneur Merwart nous révéla à l'*Exposition coloniale de Marseille* (1922), avec tant d'autres chefs-d'œuvre du Bas-Dahomey.

Dans la vannerie, les indigènes de cette région ne sont pas moins heureux. Leurs corbeilles, encore, honorent la sparterie, avec les joncs divers, le bambou, les fibres du palmier raphia, qui trouvent, entre ces mains ingénieuses, autant de prétextes à témoigner du goût. Aussi bien, à côté de leurs calebasses si joliment gravées et ajourées, on retiendra l'agrément délicat

Photo Mus. d'Ethn. du Trocadéro.
Fig. 96. — DAHOMEY. *Siège royal, bois sculpté et peint.*

des figures découpées dont ils parent leurs tissus. Il n'est pas jusqu'au modeste chasse-mouches, en cordes tressées, il n'est pas jusqu'au hamac ou au parasol, qu'ils ne saisissent l'occasion d'embellir! Il faudrait enfin, s'arrêter aux lourds bracelets, à toute cette fabrication si pittoresque du bijou et des armes dahoméennes qui s'ajoute, avec non moins d'intérêt, aux création précédentes.

La fantaisie intuitive des noirs ne s'apprécie pas moins, généralement, dans l'objet de toilette (le peigne entre autres) en bois dont ils font un digne atour de coquetterie, que dans les ustensiles en cuir décoré dont ils flattent le bronze vivant de leur peau nue. Cette peau nue qui véhicule, chaudement encore, les tableaux proprement dits des indigènes, dus au tatouage.

Le tatouage, en fait, constitue une manière dessinée et peinte, typique, chez les noirs. Il est des tatouages d'un tour décoratif extraordinaire que leurs statuettes d'ailleurs, n'auraient garde d'oublier parmi leurs atours les plus frappants.

La saveur rude enfin, de notre Afrique noire, pourvu qu'elle soit le plus possible préservée de notre civilisation propre, suffirait à son attrait esthétique. Un cerisier ne mûrit point des pêches; il faut se contenter de son originalité primitive et ne point l'amoindrir en la comparant, ni demander à sa flore, à sa sylve, un autre parfum que les leurs.

Tombouctou « la Mystérieuse », par exemple, avec son architecture typique, ne ressemble à rien de partout ailleurs, et, sous sa lumière crue, l'immense quadrilatère que composent ses hautes cases massives et brunes, se pare de son aridité étalée, tout autant que la forêt inextricable, tissée de lianes, garde jalousement le mystère de son ombre.

Au surplus, les primitifs n'ont-ils point indiqué à notre civilisation coquette, les pendants d'oreilles, les colliers et les bracelets? Qui sait, d'autre part, si nous ne devons pas aux noirs l'idée de la terrasse nécessitée par leur climat torride!

Les bois coloniaux n'apportent-ils pas à la richesse de notre art mobilier moderne une contribution supérieure? Et puis, malgré sa barbarie, n'entre-t-il pas un souci curieusement décoratif, par exemple, dans cette succession de pylônes en *pisé* coiffés de têtes d'éléphants, qui bordent certaine allée partant des portes du port de Gaô jusqu'à la berge du Niger?

Sans compter que la nature sait fleurir de joie la plus misérable demeure! C'est ainsi que les Bozos, ancêtres des troglodytes, ont vu grimper tout autour de leurs cases délabrées, de larges feuilles d'irihès, et il semble aussi que ces pêcheurs,

Photo Mus. d'Ethn. du Trocadéro.
Fig. 97. — GUINÉE.
Tabouret de prince, sculpté dans une seule pièce de bois.

dont le village déroule ses ruines dans la partie nord-ouest du cercle de Djenné, ont mis de l'art, sans le savoir, dans le rangement serré de leurs pittoresques pirogues sur les bords du Niger.

CHAPITRE V

L'ART MALGACHE - L'ILE DE LA RÉUNION

L'architecture malgache (fig. 98, 99 et 100) doit tellement à l'ingénieur, à l'architecte et à l'officier anglais, renforcés du missionnaire anglican, qu'il serait périlleux de la discerner en propre.

« Un temple ionien, nous écrit M. P. Heidmann, servait autrefois de tribunal, à Tananarive. Des églises romanes, gothiques, s'éparpillaient partout dans le paysage malgache, groupant les maisons qui ont l'air de jouets d'enfants sur la nudité des collines. La résidence du gouverneur général a été construite dans le style Louis XIII ! et rien, en Emyrne, n'a de caractère colonial quant à l'architecture. »

Aussi bien, des cornes de bœufs orneront — sans bénéfice pour l'architecture — le tombeau sakalave (fig. 101) (1) rappelant le nombre des bovins sacrifiés en l'honneur du défunt. Jusqu'à des centaines, suivant la situation de celui-ci !

La porte de Tananarive, d'autre part, citée avantageusement parmi l'architecture malgache, n'ajoute point à l'intérêt d'une indigence constructive. Sa curiosité est vite satisfaite à l'entrée de la capitale, de même qu'au seuil d'autres villages environnants.

La porte de Tananarive? Un rocher arrondi roulant devant

---

(1) La tour des Bucrânes, dont se parera le palais de Madagascar, à *l'Exposition coloniale internationale de Paris* (1931), a été ingénieusement imaginée d'après le tombeau sakalave.

Photo Ag. E. G. G. de Madagascar.
Fig. 98. — MADAGASCAR. *Palais de la reine, à Tananarive.*
Couronnant le fronton : un épervier, emblème de la royauté.

une poterne et se clavetant dans des gonds de pierre pour fermer les « rouves » (places fortes, villages d'autrefois).

Pourtant, la porte en question s'ouvrira symboliquement devant M. Borrel, un fonctionnaire colonial distingué qui se cache en littérature sous le nom de Georges Carian, et à qui nous avons demandé de vouloir bien, en quelques lignes, résumer l'art malgache. Nous lui laisserons la parole :

Photo Ag. E. G. G. de Madagascar
Fig. 99. — MADAGASCAR. *Tombeaux royaux, à Tananarive.*

« En vérité, sous sa lumière, ardente ou mystérieuse, la Grande Ile rouge est belle.

Mais, berçante ou farouche, diverse et une, elle attend l'artiste amoureux de sa chaude harmonie, qui y viendra créer de l'art. Car il n'y a pas d'art malgache. L'autochtone semble étranger à l'idée artistique.

Certes, les Comores, les îles du feu, cachent, dans le parfum sucré des vanilles, sous l'ombre moite des arbres, de vieilles mosquées, des portes, aux facettes taillées en plein bois, des fontaines. Mais, les Comores sont peuplées d'Arabes purs. Ces émigrants, ces grands voyageurs, ont, avec eux, au VIIIe ou au Xe siècle de notre ère, porté leurs conceptions et leurs réalisations artistiques.

Et, cependant, émigrés, eux aussi, asiatiques (1) certains, les Hovas n'auraient-ils pu garder en eux le souvenir, au moins, des splendeurs d'autrefois ?

Rien, dans cet immense pays, rien n'est de l'art, sauf la nature.

La foi, si inventive, si commodément satisfaite, n'a rien produit. Les fétiches (fig. 103), ici, n'ont même pas cette barbare attirance qu'on trouve aux fétiches soudanais. Nulle originalité, nul instinct.

L'âme du peuple est essentiellement déroutante, fuyante. Mais, par un paradoxe coutumier à Madagascar, elle a pourtant voulu affirmer, dans les tombeaux massifs (fig. 104), un noble et puissant génie. Sur les plateaux imériniens, socles de latérite rouge, les grands tombeaux dallés dressent leur masse de porphyre et de granit au seuil même des maisons d'argile où les vivants mènent leur paresseuse existence.

Recherchant une grandeur romaine, on voudrait sentir l'œuvre de conquérants, de victorieux, dans « ces demeures où vivent les ancêtres ». On y trouve seulement la fragile antithèse affirmant sans doute la précarité d'une terrestre existence.

Sévères et nues, les tombes imériniennes gardent une poésie attirante. Des feuilles, en guirlandes, des fleurs, des fruits, s'unissent à la pierre comme pour lui donner le frisson de leur légèreté, la palpitation intime de leur grâce... Et dans ces mausolées, tient, sans doute, tout l'art malgache, celui qui ne connaissait pas encore les missionnaires anglicans, dressant dans le saindoux le palais du premier ministre...

Il n'aurait cependant pas été impossible qu'un art raffiné peut-être original, eût pu se développer à Madagascar.

L'indigène, tout étranger qu'il paraisse à l'idée artistique originale, semble se souvenir, parfois, des leçons que Legros et Morio vinrent lui apporter vers 1815. Il s'agissait, il est vrai, de broderies, adroites, souples, fines, mais sans spontanéité.

(1) M. P. Heidmann a noté de nombreuses réminiscences indiennes à Madagascar, notamment au palais du premier ministre, pour les colonnes en pierre, aux chapiteaux très ouvragés.

Fig. 100. — MADAGASCAR. *Tombeau d'un premier ministre, à Tananarive.*

Photo Ag. E. G. G. de Madagascar.

Parfois, dans la brousse, loin de tout village, sur les plateaux

Fig. 101. — Madagascar. *Tombeau d'un chef.*

couronnant les pentes chaotiques, une statue-menhir, grossièrement taillée, impose sa rude silhouette. L'âme d'un disparu est évoquée dans la pierre massive. Contraste saisissant avec le nom donné, là-bas, à cette même âme, qu'on appelle le « loûhl », le papillon, tournoyant, comme une fleur détachée par la brise,

Photo Ag. E. G. G. de Madagascar.

Fig. 102. — MADAGASCAR. *Case betsimisaraka.*

sous le ciel clair de la Grande Ile. Au pied de la statue, de petits bœufs en fer forgé mêlent leurs cornes aiguës.

Donc, de ci de là, la brousse découvre des pierres levées, rappelant le « loûhl » d'un défunt cher, ou bien des « aloualos », vestiges naïvement sculptés.

D'autre part, à ne rien vouloir celer, en se penchant avec attention sur les moindres vestiges qui annonceraient sinon un art, du moins une manifestation artistique, il faut dire quelques mots de l'éléphant de pierre d'Ambouhitsare.

Les indigènes lui attribuent une origine arabe. Des immigrants l'auraient apporté de La Mecque. Les Malgaches ignorant l'éléphant, appellent cette statue, longue de 2 mètres, haute d'un mètre, « vatoulambe », ce qui signifie : pierre-sanglier. Mais, en Arabie, il n'y a point d'éléphant. Aussi bien les chercheurs, renonçant à s'échafauder une satisfaisante théorie, espèrent-ils trouver dans les « sourabé », manuscrits arabo-malgaches que détiennent les initiés, la clef du mystère.

Une légende pittoresque s'y attache, par laquelle les natifs expliquent l'origine des êtres.

Bref, à Madagascar, pas de balaphons guerriers, pas ou peu de flûtes champêtres. Cependant, le Malgache adore la musique. Pour satisfaire son goût, il achète des violons ou des accordéons et, lentement, la « valiha », creusée au cœur d'un bambou sonore, disparaît dans le musée des souvenirs.

Pourtant, la « valiha » ne manquait pas d'une certaine élégance, et les mains brunes courant sur les « cordes » découpées à même le bambou, en tiraient des sons nostalgiques.

La « mode » doit, à Madagascar, se reprocher des méfaits ridicules. C'est elle, dans le fond, qui a peut-être tari

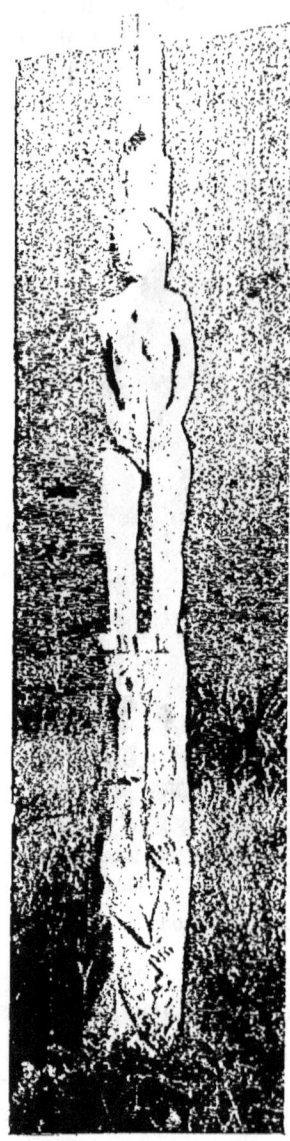

Ph. Ag. E. du G. de M.
Fig. 103. — MADAGASCAR.
Sculpture indigène, en bois.

L'ART MALGACHE 153

en sa source toute idée artistique. Aux « valiha » ont succédé les crins-crins et les accordéons nasillards. Depuis longtemps, les Betsiléos ont oublié les gracieuses cuillères en bois, aux manches ciselés dans la masse, pour de banales cuillères en

Photo Ag. E. G. G. de Madagascar.
Fig. 104. — MADAGASCAR. *Tombeau malgache.*

métal. Depuis longtemps les Imériniens achètent très cher de lourds canotiers plutôt que de porter les anciens chapeaux aux bords aussi souples que des ailes, les chapeaux tressés en fibres de manarâne clair. La mode...

Mode, aussi, et tristement, le récipient émaillé qui remplace le koudoùk de bambou, que les bourjanes, pendant leurs voyages, remplissaient aux ruisseaux, sous les arbres, et portaient sur l'épaule; que les femmes penchaient harmonieusement pour remplir les calebasses, polies à l'usage.

154 LES STYLES COLONIAUX DE LA FRANCE

Mode encore, les bois de lits (fig. 106) figurant des généraux

Fig. 105. — MADAGASCAR. *Paysage.*
Photo Ag. E. G. G. de Madagascar.

anglais à plumets naïfs sur des bicornes ressemblant aux chapeaux de papier !

L'ART MALGACHE

Fig. 106. — MADAGASCAR. Sculpture (détail) d'un bois de lit.

Mais, une chose restait, malgré tout. Avec les vieux qui meurent, elle disparaît elle aussi, emportée par la force grossière des choses. Est-ce — ou bien était-ce — de l'art? Peut-être pas. Mais, à coup sûr, une industrie captivante et qui mériterait mieux d'être connue.

Depuis un temps très éloigné, antérieur au xive siècle, les familles Antaimours conservent en manuscrits leurs livres de famille. Procédés de divination, recettes empiriques, formules cabalistiques, parfois vagues appréciations sur l'Univers, phrases modelées en caractères arabes harmonieux et nets, vivent sur un papier végétal qu'on ne fabrique que là. La description que le chevalier orléanais Étienne de Flacourt donne de cette fabrication vaut d'être reproduite telle qu'il l'écrivit lui-même.

« Le papier se fait avec la moyenne écorce d'un arbre qui se nomme avo, laquelle est fort douce, de laquelle aussi les Matatanois font des pagnes pour se vêtir, qui sont fort douces, et approchent de la douceur de la soie. Le papier se fait presque de la sorte qu'on le fait en France, sinon qu'ils n'ont pas les mêmes ustensiles pour le faire, ni tant d'appareils. Il est jaunâtre, mais il ne boit point, pourvu qu'étant fait, l'on mouille les feuilles dans la décoction de riz pour le coller, puis après l'on le lisse quand il est sec.

« L'on fait bouillir l'espace d'un jour cette écorce dans un grand chaudron avec une très forte lessive de cendres; après l'on lave ces écorces, ainsi pourries de cuire dans l'eau bien claire, et on les pile dans un mortier de bois jusqu'à ce qu'elles soient en bouillie et qu'il n'y ait aucun grumeau; l'on détrempe cette bouillie dans de l'eau claire et nette, et, avec un châssis fait de certains petits roseaux délicats qui se touchent l'un l'autre, l'on prend de cette bouillie, laquelle on laisse un peu égoutter, et on la verse sur une feuille de balisier frottée avec un peu d'huile de menachil; on la laisse sécher au soleil, et aussitôt, chaque feuille étant sèche, on la frotte avec le mucilage de la décoction de riz, et étant resséchée, on la lisse pour s'en servir au besoin.

« L'encre se fait avec la décoction du bois nommé arandranto qu'on laisse tarir jusqu'à ce qu'elle soit bien épaisse. Cette encre est fort bonne, mais elle n'est pas si noire que la nôtre; toutefois,

Photo Ag. E. gouv. gén. de Madagascar.
Fig. 107. — MADAGASCAR. *Case d'Andrianapoinimérina, à Tananarive.*

en y ajoutant un peu de couperose, elle devient très bonne et très noire, et surpasse celle qui est faite avec de la noix de galle; elle n'a que faire de gomme, car elle est assez glutineuse d'elle-même et est reluisante; c'est de ce bois que les grands bâtissent leurs cases ou maisons, et de ce bois aussi que sort le canabé ou la gomme d'ambre nommé succinum. J'en ai moi-même tiré un peu par incision de l'écorce.

« Leurs plumes sont faites de cannes nommées *volo* et dans les Indes bambou ou mamba ; ils coupent un morceau de ces cannes de la longueur de la main et large comme une plume; ils taillent le bout et le fendent ainsi que nos plumes, dont ils forment leurs lettres. Leur encre venant à sécher, ils y ajoutent un peu d'eau et la chauffent, et elle est aussi bonne qu'étant fraîche faite. »

Aujourd'hui, le vieillard Antaimour travaille comme ses pères ont travaillé et comme les pères de ses pères. Il lisse son papier avec une coquille marine très polie et lui donne un velouté unique.

Grossier, certes, ne se prêtant pas très bien à l'impression, il exécute des reliures originales, qu'un cachet d'exotisme distingue heureusement. Mais, est-ce ou était-ce un art? Existe-t-il un art malgache? »

Pourtant, nous sommes d'accord avec le poète délicat des *Jardins du Passé* pour reconnaître que la lumière ardente ou mystérieuse de la Grande Ile qui baigne le pays malgache, lui tient lieu d'esthétique.

La puissance impérieuse du rouge dont saignent les constructions de l'ancienne île Dauphine, en opposition avec la douce luxuriance de sa végétation, constitue en fait une harmonie d'art.

Si Madagascar, à l'exemple de l'Indochine et de l'Afrique, ne présente point un ensemble caractéristique, ou, tout au moins, un type d'expression d'art confinant à un style, il faut néanmoins retenir la silhouette du tombeau imérinien (fig. 104).

Ses grandes lignes et masse, d'une proportion imposante, sa silhouette élégante, aussi, où se retrouve curieusement la solennité du mastaba égyptien, ainsi que, singulièrement, les lignes de notre architecture moderne !

Le tombeau, « maison froide » du Hova, où, dans la pensée des vivants, habite réellement le défunt à qui l'on apporte des offrandes — du miel de préférence — évoque la demeure funé-

L'ART MALGACHE 159

raire des noirs de l'Afrique hantée par l'esprit du mort revenu sur la terre, continuant à vivre chez lui.

Il n'est pas jusqu'à des anciennes tuiles en bois, si curieusement nuancées par les temps, qui n'aient à cœur de joindre leur note personnelle à ce concert de quelque valeur stylistique.

Quant à l'architecture en bois malgache, que d'aucuns s'accordent à déclarer caractéristique et extrêmement curieuse.

Cliché Gavot.
Fig. 108. — MADAGASCAR. *En filanzane* bois, sculpture moderne).

vis-à-vis de la construction de granit et de terre rouge représentée par les tombeaux imériniens elle ne nous convainc guère.

Effectivement, la case d'Andrianapoinimérina (fig. 107), voisine de la chapelle de la reine, à Tananarive, que cette opinion louangeuse objective, n'était le prolongement en antennes de deux mètres de hauteur, des chevrons de sa toiture, n'offre guère qu'un attrait de souvenir.

Pourtant, cette case du premier roi hova (vers 1810) représente l'un des rares monuments historiques de Madagascar, et l'on remarque l'ingénieux ajustement de sa charpente tout en bois et sans un seul clou, l'élancement de son faîtage jusqu'à une quinzaine de mètres, ainsi que les sculptures hémisphériques groupées deux à deux qui ornent la poutre supérieure de ce faîtage, représentant sans doute des seins de femme.

La nature cependant, a voulu, avec le rocher d'Ifandana, doter le sol malgache d'une immense statue, du moins un bloc énorme de granit surgit à la limite du pays des Bara où l'imagination se surprend à voir quelque monstrueuse tête de cétacé jaillissant

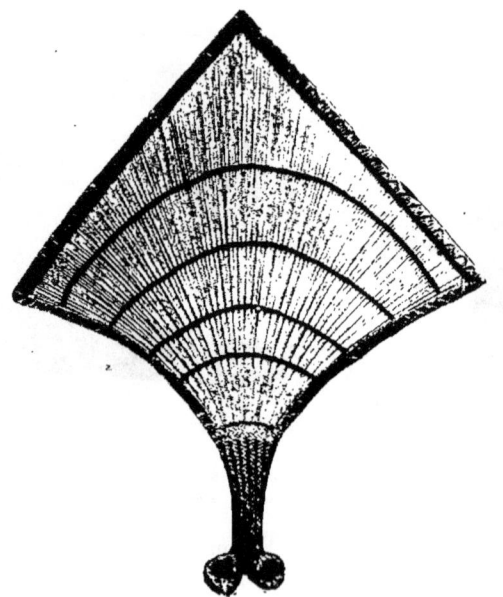

Fig. 109. — Madagascar. *Éventail.*

des flots... autour de laquelle volent, en s'égosillant, des « veuves »

La nature enfin, a semé artistiquement le sol de notre grande colonie de l'Océan Indien, d'une profusion de gemmes : béryls, kumzites, topazes, tourmalines, grenats, etc. dont l'éclat et la pureté luttent avec le soleil et l'onde.

Nous ajouterons, en terminant, que les facultés supérieures d'assimilation artistique des Malgaches nous apportent, à défaut de profondes créations ataviques, les espoirs les mieux fondés

Et pourtant, en y songeant bien, ne sont-ils point déjà originaux les oiseaux et les petits serpents spirituellement modelés dans le corne amollie à la vapeur, par les indigènes de notre grande île ?

Et les chapeaux habilement tissés en fibres de maranâne, n'ont-ils point conduit leurs auteurs à l'art personnel de ces paniers surmontés d'animaux « sculptés » en raphia, qui sont souvent une trouvaille purement malgache ? Seraient-ils donc d'une valeur commune ces tapis en fibres d'aloès, ces rabanes sakalaves et ces soies grises dues à un ver à soie sauvage (landy-bé), dont les Malgaches, encore, ont tiré tout l'attrait possible ?

Aussi bien, on veille à Tananarive où le gouverneur général Olivier fonda les *Ateliers d'art appliqué malgache* destinés tant à la résurrection qu'à la conservation du geste de beauté ancien. Le dernier mot n'est donc point dit sur l'esthétique initiale qui nous occupe (1).

* * *

L'ILE DE LA RÉUNION

A environ sept cents kilomètres Est de Madagascar — d'où son voisinage dans notre texte — se trouve l'île de la Réunion, dont les richesses, presque exclusivement végétales, échappent à notre travail, malgré que ses forêts produisent des bois précieux pour nos mobiliers européens modernes, et que sa « bagasse » (résidu de la canne à sucre), pâte à papier, soit susceptible de remplacer avantageusement les pâtes de bois ou de chiffons les plus coûteuses.

D'où une matière à retenir pour l'impression du livre que l'on pourrait ensuite relier avec le papier végétal dont il a été parlé précédemment, à Madagascar.

D'ailleurs, à défaut d'un art original dans ce pays volcanique, la nature encore y supplée. Et, à côté du parfum de la vanille,

---

(1) Un *Salon de l'Artisan Malgache* figurera dans le Palais de Madagascar à l'*Exposition coloniale internationale de Paris* (1931).

162 LES STYLES COLONIAUX DE LA FRANCE

Fig. 110. — LA RÉUNION. *Plage de Manapany (Saint-Joseph).*

Cliché Louis Caen.

Cliché Louis Caen.
Fig. 111. — LA RÉUNION. *Maison créole.*

du café, du giroflier, du muscadier, les essences de géranium, de ylang-ylang, de vétiver, embaument dans ce site enchanteur où cependant domine la culture de la canne à sucre.

Largement abreuvée de ressources intellectuelles, au surplus, la population, créole en grande majorité, fort au courant de l'art de la mère-patrie, passionnée de musique et de chant, abrite sa grâce et son affabilité racées dans de coquettes maisons d'un seul étage, enfouies dans la verdure et les fleurs.

La plus modeste demeure de la patrie de Leconte de Lisle et de Léon Dierx, perle de la mer des Indes, aime, aux accents mouvants de l'Océan, accorder sa guitare ou son accordéon, son « botre » ou son « cayambre », instruments du crû, avec son âme mélodieuse, et, dans le vestibule de l'hôtel du Gouvernement, à Saint-Denis, on conserve pieusement la pierre rappelant la quatrième prise de possession de cette Antille africaine par Jacob de La Haye, en 1671.

Le rond-point de l'ancien « Jardin du Roi » (dans le goût de Le Nôtre et remontant à 1761), enfin, aujourd'hui jardin colonial, reçoit l'hommage des roses des jardins qui se succèdent jusqu'à lui, tandis que l'on s'incline seulement devant l'idée patriotique du monument de la Défense (1810), à Saint-Denis, tandis que l'on passe dans la même ville sans s'arrêter devant son hôtel de ville (1860), et que l'on regrette, pour la personnalité du plus élégant immeuble de Saint-Denis encore, ancien évêché et aujourd'hui musée de Léon D erx, qu'il soit construit sur le modèle d'une villa de Pompéi !

En vérité compensatrice, insistons sur le style des paysages lumineux de l'ancienne île Bourbon (fig. 110, 111 et 112), se réclamant à la fois de l'architecture et de la peinture, et écoutons plutôt MM. Marius et Ary Leblond, autres Réunionais éminents : « Sous la colonnade mouvante de ses palmiers asiatiques, La Réunion est une île hellénique par l'architecture olympienne de ses montagnes..., le dessin de ses idylles dans la fresque des mœurs souvent archaïques... »

Des mêmes auteurs, ce croquis de Cilaos : « ... Sur un plateau de terre rouge, une allée de jolies petites maisons en bois, et,

Fig. 112. — La Réunion. Vue des hauteurs de la rivière Saint-Etienne.

Cliché Louis Caen.

tout autour, parmi des éboulis de roches, des paillottes plantées sur des carreaux de maïs tendre... »

De Leconte de Lisle, cette peinture où : « les toits des maisons, toutes bâties de bois du pays, n'apparaissent que roux comme des écorces, grisâtres, onduleusement, comme des lichens, ou parfois du rose poreux des grappes de letchis... »

Nous passerons enfin la plume à M. le député Auguste Brunet à qui son pays natal — où la littérature, encore, s'honore de Joseph Bédier et l'héroïsme de Roland Garros — inspira les éloquentes lignes suivantes.

« Synthèse harmonieuse d'éléments opposés, de contrastes pathétiques, » — la mer, tour à tour langoureuse ou déchaînée, la plaine aux moissons rutilantes dans la houle des cannes en fleurs, la montagne tourmentée, coupée de profondes ravines ou jaillissant en pics altiers, — telle est l'île de la Réunion, l'ancienne île Bourbon, chantée par ses poètes, avec plus de sereine magnificence par Leconte de Lisle, avec plus de tendresse mystérieuse par Léon Dierx. Ce « jardin suspendu » de végétations, de cascades chantantes, de couleurs et de climats, n'a cependant pas jusqu'ici exalté le pinceau des peintres (on ne peut guère citer que de rares toiles romantiques de Cudenet, des natures mortes de Le Roy et le bel *Album de l'île de la Réunion* de Roussin); et pour sculpteur, l' « île d'Eden » n'a eu que son volcan !

Cependant l'île de France, Maurice, sa voisine, qui n'occupe pas la même place qu'elle dans l'histoire littéraire, a une belle couronne d'artistes : l'excellent peintre Le Sidaner, qui a traduit avec une sensibilité frémissante, où se révèle peut-être quelque nostalgie d'exilé, les perspectives automnales des allées de Versailles ou les canaux aux reflets de ciel de Bruges; les sculpteurs d'Épinay, José de Charmoy etc...

Il semble que la Réunion souffre de cette lacune. Sous l'impulsion de MM. Marius-Ary Leblond, fils eux aussi de la petite terre française qui porte si haut le renom de la Métropole dans les mers australes, elle a récemment créé un musée d'art, le *Musée Léon Dierx*, « avec le sentiment qui s'impose à elle de faire rayonner notre art dans l'Océan Indien comme elle y avait fait resplendir notre littérature (1) ». Des sculptures de Carpeaux, Barye, Dalou, Bourdelle, des toiles originales de peintres modernes : René Ménard, Le Sidaner, Signac, Diriks, Raffaëlli, Laprade, Seyssaud, etc., disciplinent le goût de la jeunesse créole et suscitent chez elle, comme dirait Baudelaire, la « neuve et sainte émulation ».

---

(1) M.-A. Leblond.

CHAPITRE VI

L'ART ASIATIQUE :
SYRIE ET LIBAN, INDE FRANÇAISE

LA SYRIE, LE LIBAN

La Syrie appartient aux États du Levant sous mandat français, avec la République Libanaise, l'État des Alaouites et l'État du Djebel Druze.

Elle porte la lourde réputation d'être le pays le plus ancien du monde. On y situe poétiquement le Paradis Terrestre, et, prosaïquement, l'illustre Byblos (aujourd'hui la petite ville arabe de Djebail), est revendiquée par la plus lointaine antiquité, ainsi que Baalbek (fig. 113), aux ruines les plus imposantes qui soient, avec Palmyre, reine de l'Orient, dont les pierres du temple de Dioclétien, entre autres, attestent la splendeur passée.

Baalbek, « colline d'architecture » dont les restes de deux temples sont d'une rare magnificence et de dimensions colossales. Le plus important, précédé de cours, environné de portiques et bâti avec des pierres énormes, comparables aux monolithes travaillés par les Égyptiens.

Palmyre, ancienne résidence de l'immortelle Zénobie, dont le temple d'Hélios comptait quatre cent soixante-quatre colonnes qui soutenaient les longues galeries et les riches portiques de la large enceinte où s'élevait le temple proprement dit. Palmyre fig. 114 et 115), dont d'autres colonnes, d'un seul bloc de

Photo H^t Comm. de R. F. en Syrie et au Liban.
Fig. 113. — SYRIE. *Fragment d'une frise* (Baalbeck).

marbre, disposées sur quatre rangs et précédées d'un arc de triomphe en manière de portique couvert, acheminaient vers

Fig. 114. — SYRIE. *Arc de triomphe de Palmyre.*

une partie de la ville. Palmyre dénombrant un ensemble de quatorze cent cinquante colonnes !

Il n'est pas jusqu'à l'histoire franque qui ne revive en ces lieux de beauté où le souvenir des Croisés hante notamment le

Krak des Chevaliers (Kala'at-el-Hosn) (fig. 116), près de Tripoli, et les châteaux de Sandjil (à Tripoli même, construit par Raymond Saint-Gilles, comte de Toulouse) et de Margat, proche de Banias, sans oublier, à Sidon, aujourd'hui Saïda, le Kala'at-el-bahr et le Kala'at-el-Moezzé, dit aussi château de Saint-Louis.

A propos de l'art aussi morcelé, en Syrie, que les religions qui fleurirent et défleurirent sur son sol, Mme Jacqueline-Albert Lambert, dans *Sphère*, s'exprime comme suit. « L'histoire de son art est une longue série de naissances et d'anéantissements,

Photo H^t Comm. de R. F. en Syrie et au Liban.
Fig. 115. — SYRIE. *Bas-relief de Palmyre.*

d'où il rejaillit, mais chaque fois sous une forme différente.

Chez les Phéniciens, ces grands libérés de la mer, il revêt une forme originale où se retrouvent pourtant les influences certaines des Crétois, des Mycéniens, des Ioniens, des Égyptiens, clients réguliers de ces beaux voyageurs.

Après une période nulle où la Syrie complètement asservie ne produisit rien, nous assistons à une nouvelle forme d'art qui naît des Juifs.

Avec les Grecs d'Alexandrie et les Séleucides, nouvelle tentative d'architecture particulière qui ne réussit pas ou qui a presque complètement disparu.

Enfin les Romains ivres d'orgueil y viennent construire des villes, qui ne seront que l'affirmation déchaînée de la puissance de l'Empire sur cette terre, limite extrême de la civilisation.

Où les autres n'ont fait que passer, les Romains construisent, se donnant ainsi la joie de croire à leur installation définitive.

Ils veulent rester... Cela se voit à leur architecture défensive,

Photo Ht Comm. de R. F. en Syrie et au Liban.
Fig. 116. — SYRIE. *Le Krak des chevaliers.*

dont les débris parent encore le Djebel Druze; résistance directe au nomadisme des Bédouins ainsi que le proclame encore l'antique citadelle de Bosra... »

Les États de Syrie et du Liban ont donc bercé les civilisations les plus anciennes, et, les fouilles archéologiques qui se succèdent dans ces pays merveilleux, ne cessent d'exhumer, démontrant combien l'antiquité classique doit aux monuments syriens du passé. Quand on songe que les Hittites (fig. 117), les Chaldéens, les Assyriens, les Perses, les Phéniciens et les Égyptiens — avant les Grecs et les Romains — superposèrent leur art dans cette région, on saisit toute l'étendue d'une majesté esthétique à

Fig. 117. — SYRIE. *Sculpture hittite.*

174 LES STYLES COLONIAUX DE LA FRANCE

laquelle Byzance et les Arabes devaient, par la suite, contribuer, avec un sérieux apport franc.

De la transition des conceptions occidentales et orientales

Fig. 118. — GRAND-LIBAN. *Palais de Beit-ed-Dine.*
Photo J. de La Nézière.

naquit même, sur les bords de la Méditerranée, un art libano-arabe, représenté notamment par l'intéressant *palais de Beit-Ed-Dine* (fig. 118), datant du début du siècle dernier.

Les récentes fouilles de Byblos (1) ont révélé la *cella* d'un sanctuaire du Moyen Empire, d'un type achevé de haut-lieu sémitique, où l'on vénérait Isis-Hathor. Cette exhumation de l'âge du Moyen Empire qui dura jusqu'à l'époque romaine, fut accom-

Photo H' Comm. de R. F. en Syrie et au Liban.
Fig. 119. — Syrie. *Notre-Dame de Tartous*.

pagnée (en 1928) — autant que précédée — de plusieurs autres, aussi fructueuses, grâce auxquelles le temple de *Nin-Egal* (Mishrifé, ancienne Katna), le palais, le temple et l'enceinte de *Arslan Tash*, le « castellum » de *Tell Brak* (Haute-Djezireh), des camps romains, etc., virent le jour, avec des œuvres de sculpture magistrales dont nous parlerons après l'architecture.

Sans insister sur les nombreuses ruines romaines (et grecques) qui honorent les territoires syrien, druze et alaouite, et dont l'envahissement mondial a imposé la connaissance avec l'admiration, nous remonterons à l'architecture phénicienne du temple

---

(1) Voir, au Louvre, les moulages des stèles de Mésa, de Byblos, d'Imroulquaïs, etc.

Fig. 120. — SYRIE. *Grande mosquée de Damas.*
Photo H⁺ Comm. de R. F en Syrie et au Liban.

du dieu-guérisseur Echmoun à Saïda, à l'architecture phénico-égyptienne (nécropole de Byblos), à l'architecture des tombeaux

Fig. 121. — Syrie. Grande mosquée de Damas, vue intérieure.
Photo H⁺ Comm. de R. F. en Syrie et au Liban.

pyramidaux syriens, inspirés de l'Égypte (tombeau de Ahiram), à l'architecture islamique, représentée par la grande mosquée

12

de Beyrouth (ancienne église Saint-Jean, construite par les Hospitaliers et convertie en mosquée à la fin des Croisades), à l'architecture purement asiatique dont la mosquée de Lattaquieh (en territoire alaouite), avec ses coupoles évoquant Jérusalem, est le type, à celle de Damas (auparavant mosquée des Oméyades, dédiée aussi au culte de Saint-Jean par l'empereur Théodose

Photo H¹ Comm. de R. F. en Syrie et au Liban.
Fig. 122. — Syrie. *Porte de la citadelle d'Alep.*

dans cette ancienne capitale de l'Islam et reconstruite en pur style byzantin), à l'architecture byzantine (couvent de Saint-Siméon (Kala-at-Sim'an), joyau de l'art chrétien en Syrie centrale, à l'architecture romane, enfin, due aux Croisés (cathédrale *Notre-Dame* de Tartous [fig. 119]).

La *grande mosquée de Damas*, avec ses deux minarets d'origine grecque à laquelle les Arabes s'étaient contentés d'ajouter des balcons circulaires, est célèbre (fig. 120 et 121). La fourniture des matières émaillées qu'elle nécessitait, fut une des clauses de la rançon de paix entre le calife El Walid et l'empereur grec

Justinien II qui, sur la demande du calife, lui avait adressé des
« ouvriers habiles dans la bâtisse ». La magnifique mosquée de
Damas est radieuse sous sa coupole enrichie d'inscriptions en
lettres d'or que deux rangées d'élégantes colonnes divisent, à

Photo H‍t Comm. de R. F. en Syrie et au Liban.
Fig. 123. — SYRIE. *Tour d'angle de la citadelle d'Alep.*

l'intérieur, en trois longues nefs revêtues d'une charpente
apparente.

Mais on n'en finirait point d'énumérer tant de parures, plus
ou moins bien conservées sur ce sol où les génies les plus divers
se manifestèrent, et, après avoir noté encore à Damas, le palais
Azem, les restes du château de Haroun-el-Rachid, à Rakka,
des citadelles de Salihiyeh (dans la ville macédonienne de Doura-
Europos), d'Alep (une splendeur sarrasine (1), dans la Syrie du

(1) Les Occidentaux du moyen âge appelaient indifféremment Sarrasins
les Musulmans d'Asie et d'Afrique.

Nord (fig. 122, 123, 124, 125 et 126), de la Tour Rouge, de Ramiyeh (Liban), et du tombeau dit Kamaouat-el-Hermel, dans la Békaa, nous aborderons la peinture et la sculpture avec autant de discrétion.

D'ailleurs, en dehors des peintures murales des ruines de Doura qui présentent un rare document sur les sources de l'art byzantin, nous ne connaissons rien de cet art, tandis qu'en matière sta-

Photo H' Comm. de R. F. en Syrie et au Liban.
Fig. 124. — SYRIE. *Citadelle d'Alep.*

tuaire nous n'avons que l'embarras du choix, grâce surtout aux récentes investigations archéologiques.

Lorsque nous aurons vanté, pour mémoire, les mosaïques qui, naguère, embellissaient la mosquée des Oméyades, nous parlerons donc de la sculpture découverte en Syrie, fort édifiante sur l'histoire de l'Orient gréco-romain.

Dans les fouilles de Djebail (Byblos), on a trouvé une colossale statue phénicienne, d'ailleurs grossièrement exécutée dans le calcaire du pays, et aussi deux remarquables têtes de bouquetins taillées dans le basalte, tandis que l'on déterrait, au tell de Séfiré, un torse de statuette masculin vêtu à l'égyptienne et marqué d'une inscription assyrienne témoignant de l'art de la Syrie du Nord.

Puis ce sont, à Arslan Tash, les deux taureaux de travail assyrien mais de style hittite, que le sol révéla avec tant d'autres sarcophages (1), bas-reliefs et menus objets qui achèvent

Photo H^t Comm. de R. F.
en Syrie et au Liban

Fig. 125. — Syrie.
Grande mosquée d'Alep.

de nous fortifier en cette idée que l'antiquité classique dut beaucoup aux monuments syriens d'alors.

Dans l'ordre de l'architecture végétale, la réputation des cèdres du Liban apporte la note verdoyante. Voici comment Lamartine appréciait, en 1833, ces fameux arbres devenus rares aujourd'hui : « Ces arbres sont les monuments naturels les plus célèbres de l'univers. La religion, la poésie et l'histoire les ont également consacrés... Salomon voulut les vouer à l'ornement

---

(1) Les sarcophages grecs d'Alexandre, des Pleureuses et du Satrape, des sarcophages lyciens et autres, découverts dans la nécropole royale de Sidon.

du temple qu'il éleva le premier au Dieu unique, sans doute à cause de la renommée de magnificence et de sainteté que ces prodiges de la végétation avaient dès cette époque... Que de prières n'ont pas résonné sous ces rameaux ! Et quel plus beau temple, quel autel plus voisin du ciel, quel dais plus majestueux !... »

Quant à la physionomie esthétique générale syrio-libanaise,

Photo H^t Comm. de R. F. en Syrie et au Liban.
Fig. 126. — SYRIE. *Khan d'Alep.*

elle demeure fidèle au pittoresque de cet Orient asiatique que les poètes ont lyriquement chanté.

Sous la sérénité du ciel, l'architecture, marchant toujours en tête des arts, donne le spectacle d'une diversité sur laquelle plusieurs civilisations, modernisées par des apports byzantin, franc et arabe — aux trois styles souvent amalgamés aussi — renchérit à la fois pour notre trouble et notre admiration.

L'influence orientale, néanmoins, avec des réminiscences persanes (fig. 126), domine donc la physionomie décorative syrio-libanaise, et, en matière de meubles, nous n'en remarquerons guère d'autres que ceux examinés chez les Musulmans précédents. Les coffres syriens, cependant, méritent une mention parti-

Photo J. de La Nézière.
Fig. 127. — LIBAN. *Coffre ancien.*

culière. Ils sont typiques (fig. 127 et 128), et leur beauté est inséparable de celle des cuivres (plats, aiguières, etc.).

Photo J. de La Nézière.
Fig. 128. — LIBAN. *Coffre ancien.*

Nous n'insisterons point davantage sur la Syrie et le Liban qui ne sont, en fait, ni des colonies nationales, ni des territoires de protectorat, mais des états autonomes que la France a seule-

Fig. 129. — SYRIE. *Une porte, à Damas.*

ment reçu mandat de conseiller et de guider. Précisément, nous reviendrons plus loin sur un vœu récemment adressé au Gouvernement syrien, relativement à la conservation — laissant fort à désirer — des monuments splendides d'un pays aussi intéressant, au point de vue archéologique et touristique, que l'Égypte. Sur cette dernière vertu, nous prendrons la route...

Au delà de Damas, le désert nous apparaît, radieux de lumière, nous charmant aussi par la fermeté de ses pistes automobiles, car ce ne sont ni le sable, ni les cailloux de la plaine africaine, qui accueillent le touriste, invité même, au printemps, à se réjouir de la transformation d'un désert en une immense prairie...

Mais, du fait d' « initier nos amis séculaires demeurés trop longtemps sous le joug archaïque, à la vie publique des démocraties contemporaines », la France s'est pourtant bien gardée d'introduire en cet Orient féerique quelque excessive réalité de chez nous. Elle flatta ainsi, davantage, notre civilisation qu'elle n'émut la sérénité d'un art fier de son passé.

* * *

LES ÉTABLISSEMENTS FRANÇAIS DANS L'INDE

On a parfaitement dit que la part qui nous revient dans l'Inde est tellement pénétrée par des enclaves étrangères, qu'elle semble comme de minuscules marbrures sur le grand corps anglo-indien. Toujours est-il que nous goûtons, au mépris de ces enclaves étrangères, l'aubaine artistique de nous étendre, si peu soit-il, sur l'Hindoustan, et d'y respirer l'air des pagodes.

Ces pagodes, dont les arts khmer et cham, examinés plus loin, gardent le souvenir; ces pagodes hindoues qui, malgré la variété de leur décoration, ont entre elles la plus grande affinité.

Ces pagodes, enfin, représentant une architecture originale

186 LES STYLES COLONIAUX DE LA FRANCE

Fig. 130. — INDE. *Salle des mille colonnes, à Chellambrum.*
Photo Office colonial.

et tout à fait nationale, dont les livres sacrés dictèrent les principes, pour réaliser en fait une unité magistrale.

Aussi bien, dans l'antiquité païenne, l'Inde jouissait de la réputation d'être une contrée merveilleuse, et son prestige n'a

Photo Office colonial.
Fig. 131. — INDE. *Idoles, à Ariancoupan.*

point pâli, de nos jours, à travers le monde. Autant que la magnificence de ses monuments (fig. 130), et la curiosité de leurs idoles (fig. 131), le parfum de ses fleurs incomparables est venu jusqu'à nous, et, comme « ses bois, extrêmement touffus, contiennent presque toutes les essences propres à l'ébénisterie (et à la teinture) », nous méditerons sur le concours excellent de notre Inde française à l'égard de l'expression moderne de notre mobilier; le rotin et le bambou, d'autre part, parmi les plantes industrielles, s'offrant à notre ingéniosité pour la diversifier.

188   LES STYLES COLONIAUX DE LA FRANCE

Malgré que les castes rivales : brahmanes et kchatryas aient disparu des possessions françaises et qu'il n'y reste plus que les vaïçias et les parias, la religion brahmanique domine autant

Cliché Laburthe et Warolin.
Fig. 132. — INDE. *Pagode d'Iswara, à Pondichéry.*

qu'elle assure et anime la conservation des intéressants édifices cultuels que nous y remarquons. Les très anciennes mosquées musulmanes Mirapalli et Cottovaïçiapalli voisinent en beauté avec celles notamment de Kokilamballe (type classique des pagodes de l'Inde du Sud), à Villanour (banlieue de Pondichéry), de Iswara (fig. 132), à Pondichéry, et de Chichoubabu (fig. 133,)

Fig. 133. — INDE. *Pagode de Chichoubabu, à Chandernagor.*

à Chandernagor, (cette dernière pagode d'une architecture différente de la précédente), vouées à la religion brahmanique.

La grande pagode consacrée à la déesse Kokilamballe, avec « Gopuram », la tour qui surmonte la porte principale, est admirable. Elle reflète sa pyramide étagée dans un bassin central

Fig. 134. — INDE. *Ancienne porte de Pondichéry.*

où rien de la majesté de ses broderies de sculptures ne se perd. Au reste, ce miroir d'eau, avec les gradins formant terrasse qui l'entourent, tandis qu'une sorte de clocheton superbement ouvragé, portant sur quatre frêles piliers, émerge de sa limpidité, ne se fait point faute encore de multiplier les autres superbes silhouettes d'alentour.

A cette vision purement hindoue, s'oppose maintenant la paroisse de Notre-Dame des Anges, très européenne, datant du milieu du xixe siècle. Quant au temple protestant, il se recommande vaguement du style ogival anglais, avec des libertés excessives.

Non moins anachronique apparaît la toute récente église du Sacré-Cœur, pareillement affublée de gothique, tandis que la cathédrale de Pondichéry (église de la Mission) et l'église de

Fig. 135. — INDE. *Sculpteurs et doreurs de statuettes.*

Retiarpaléon s'honorent d'avoir été construites dans le style de leur temps (sous Louis XVI).

Mais il ne nous est point défendu d'apercevoir encore, par dessus nos territoires dispersés et enclavés dans les possessions britanniques, d'autres hallucinantes créations architecturales de l'Inde, et, symboliquement, nous admirerons, à Pondichéry, la statue de Dupleix érigée, en 1870, sur un somptueux fragment de pagode.

D'ailleurs, plusieurs pagodes de construction seulement centenaire, s'efforcent de nous entretenir du passé le plus lointain, de même que la maison d'Anandarangapoullé, ministre de

Dupleix, garde historiquement, en la capitale, la mémoire du célèbre et infortuné gouverneur des Établissements français dans l'Inde, au xviiie siècle.

Nota bene. — La statue de Dupleix figure au milieu d'une colonnade célèbre qui donne son cachet particulier à l'entrée du port.

Les colonnes de la dite colonnade proviennent d'une pagode

Cliché Jouveau-Dubreuil.
Fig. 136. — INDE. *Sièges pondichéryens* (Louis XIII).

de Gingi. Le rajah en avait fait cadeau à Dupleix et elles avaient été plantées sur la place qui s'étendait entre la Porte Marine et la Porte du Fort. Puis, la famille de Dupleix ayant offert ces colonnes à la ville, celles-ci furent dressées un peu plus au nord de l'ancien emplacement.

Malgré les apports de notre civilisation que nous ne ferons remonter qu'à la création de Pondichéry, en 1674, — Pondichéry (fig. 134), dont le style de la plupart des monuments et des maisons rappelle celui des grands siècles d'architecture française — la ville noire, par opposition à la ville blanche européenne —, conserve son caractère indigène. Depuis ses cases

jusqu'à ses boutiques paillées, si pittoresques, sans oublier sa
« picotte »! La picotte, sorte d'appareil élévatoire rappelant
la « shadouf » des Égyptiens, assure l'irrigation. La picotte
« constituée par un levier dont le point d'appui est au milieu;
l'une des extrémités étant munie d'une corde à laquelle s'attache
un vase hémisphérique en tôle, qui sert à puiser l'eau ». La picotte
enfin (avec son curieux toit de feuillage à deux pentes) où l'on suit, sur les muscles vigoureux des manœuvres indigènes, l'effort d'incliner ou de relever, « suivant qu'il s'agisse d'abaisser le vase sur la nappe d'eau ou de le relever lorsqu'il est rempli, jusqu'à la margelle où un autre manœuvre le fait basculer pour le vider ».

Cliché Jouveau-Dubreuil.

Fig. 137. — INDE. *Table-console pondichéryenne* (Louis XIV).

L'art indien n'a pas moins persévéré, malgré certaines fois la concurrence étrangère qui, notamment, fit tort, au profit de Manchester et de Wintherthur, aux célèbres toiles bleues ou guinées, percales bleues ou noires, longottes et tissus de coton écrus et de couleur.

Pourtant, la réputation des beaux mouchoirs dits « burgos », de Madras, demeure intacte avec celle des chatoyants pagnes en soie et en coton tissés dans les villages de Monttalpeth, de Nellitope et de Molapacom.

D'autre part, la dentelle et la broderie conservent leur saveur sous les doigts de fée des jeunes filles créoles et indiennes. Même observation pour les ouvrages d'orfèvrerie en or et en argent, très recherchés par les Européens de passage dans la colonie, non moins attirés par les statuettes (fig. 135) d'argile et de bronze et les meubles. Des meubles sculptés et incrustés avec une habileté et une réelle originalité, dans des bois de teck, d'acajou et d'ébène.

Pourtant, ces meubles intéressants, dégagés logiquement de notre tradition, ont des ancêtres français qu'il faut ici évoquer.

Une école pondichéryenne française acquit, dans le meuble, jusqu'à la fin du xviiie siècle, une grande renommée, et elle accompagne harmonieusement l'architecture de Pondichéry dont la solennité des monuments fait penser à Versailles — à un Versailles (1) qui aurait été blanchi à la chaux !

A vrai dire, ces meubles pondichéryens, dont le premier créateur fut Jean-Marie Roze dit Dufresne, gardent toute la saveur expressive de nos styles Louis XV et Louis XVI, mais ils étaient exécutés en bois des Indes.

Natif de La Haye d'Ectot, en Normandie, vers 1700, Dufresne acquit le titre de « maître menuisier de la Compagnie des Indes ». Il eut pour élèves deux Français nés à Pondichéry, l'un nommé Jacques Hémonneau (1713-1755), l'autre Lifour (1715-?). En 1804, Renouard de Sainte-Croix observait la valeur caractéristique des ouvriers de Pondichéry du fait qu'étant employés à l'arsenal, « ils avaient appris à se servir avantageusement des outils d'Europe », et M. G. Jouveau-Dubreuil estime judicieusement que « l'art régional de Pondichéry a pour nous cet attrait spécial qu'il symbolise l'expansion française du xviiie siècle ».

Cet attrait, au reste, remonte plus avant, et nous estimons qu'il motive les détails qui suivent.

L'Amérique s'intéresse vivement au mobilier colonial, c'est-à-dire aux meubles fabriqués par les Européens établis en Amérique du Nord aux xviie et xviiie siècles.

Il semble que la France devrait être tout autant captivée par le mobilier des Compagnies des Indes.

De quels meubles usaient les colonisateurs européens autrefois

---

(1) En vérité, il n'existe de style Louis XIV, à Pondichéry (presque entièrement rebâti au début du xixe siècle), que les vestiges de la porte royale du fort Louis, qui date de 1705 et a été construite sous les ordres du gouverneur François Martin, par l'architecte de Nyon. Les vestiges de ce fort à la Vauban — le seul monument ancien de la ville — ont été exhumés il y a quelques années par M. Jouveau-Dubreuil.

installés dans le Carnatic? Cette question était demeurée sans réponse jusqu'à ces temps derniers, or, voici qu'heureusement pour l'histoire de l'art et celle de la colonisation, un Français fixé depuis de longues années à Pondichéry, nous révèlera, grâce

Cliché Jouveau-Dubreuil.
Fig. 138. — INDE. *Commode pondichéryenne* (Régence).

à une glane fort judicieuse dans l'Inde, des meubles d'une saveur particulière.

Il s'agit de M. Jouveau-Dubreuil dont la riche collection, qui figurera à l'*Exposition internationale coloniale de Paris*, en 1931, évoque l'histoire même du mobilier de Pondichéry.

L'historique du mobilier à Pondichéry pourrait se résumer ainsi :

1º *Style Louis XIII*. Les Français installés sur la côte de Coromandel, au milieu du XVIIe siècle, possédaient des meubles à torsades comme en France, mais toutefois marqués au goût portugais avec quelque influence indienne aussi, dans l'ornementation.

Exemple, les sièges de la figure 136, au dossier très bas, aux

Cliché Jouveau-Dubreuil.
Fig. 139. — INDE. *Sièges, glaces*, etc., *pondichéryens* (Louis XV).

pieds torses réunis, à leur partie inférieure, par des entre-jambes formant un carré.

L'ART ASIATIQUE : INDE   197

2º *Style Louis XIV*. Dans les dernières années du xviie siècle,

Cliché Jouveau-Dubreuil.
Fig. 140. — INDE. *Meubles pondichéryens* (Louis XVI).

Pondichéry tomba aux mains des Hollandais, assez puissants aux Indes à cette époque. Conséquence : la table de la figure 137, d'influence hollandaise, malgré que la réunion en X de ses pieds se réclame du style Louis XIV.

François Martin, qui construisit le fort Louis, de 1702 à 1706, possédait des meubles de style Louis XIII où se démêlaient curieusement des apports indo-portugais, tandis que ses meubles Louis XIV portaient une empreinte indo-hollandaise.

3e *Style Régence.* La commode de la figure 138, provenant de Pondichéry, donne une idée du type en faveur à l'époque du gouverneur Dumas. Les pieds de ce meuble, terminés par des pattes de tigre, sont caractéristiques du style anglais Queen-Anne. L'origine en est chinoise, et, bien entendu, la Compagnie des Indes adopta ce motif très exotique.

4º *Style Louis XV.* Voici un salon de style purement français. Sous Dupleix, la France dominait l'Inde, et le meuble de Pondichéry ne subissait plus d'influences étrangères (fig. 139).

5º *Style Louis XVI.* Dans la seconde moitié du xviiie siècle, les menuisiers de Pondichéry adoptèrent notre style Louis XVI qu'ils traduisirent encore avec respect (fig. 140). Puis, sous la Révolution, Pondichéry ayant été pris par les Anglais, les meubles furent fabriqués dans le style Hepplewhite, souvent pur et parfois légèrement altéré par des influences françaises ou indiennes.

Le mobilier des Indes, au xixe siècle, enfin, n'offrira plus aucune beauté. A partir de l'Empire son intérêt s'évanouit.

Au résumé, le meuble ancien de Pondichéry, bâtard si l'on veut, vis-à-vis du modèle européen, ne laisse pas que d'être des plus curieux en raison précisément des différentes suggestions qu'il reflète et où l'on repasse les divers avatars de la colonisation aux Indes.

Ce sont les Européens qui donnèrent aux Indiens l'idée du mobilier qu'ils ignoraient. Il s'est ainsi créé aux Indes, depuis le xviie siècle, un style indo-européen précieux à étudier, au double point de vue historique et esthétique. Car le lit indien n'est qu'une natte étendue sur la terrasse de la maison, comportant une cour et une véranda, assez semblable à la maison romaine. Car le siège *(poyal)* n'est qu'un surélèvement de la maçonnerie à l'intérieur de la véranda, sur lequel on pose une natte. Car les Indiens

Fig. 141. — INDE. *Salle de réunions, à Pondichéry* (style néo-indien).

écrivent sur leurs genoux — ils n'ont point de table — et ils mangent sur des feuilles de bananier.

200 LES STYLES COLONIAUX DE LA FRANCE

Fig. 142. — INDE. *Décor d'un plafond* (style néo-indien).

Toutefois, à côté des grands coffres, Pondichéry a depuis longtemps adopté l'armoire européenne, mais c'est principale-

Fig. 143. — Inde. *Chapiteaux et poutres sculptés* (style néo-indien).

ment la vitrine qui le séduit. Cette vitrine où l'on aperçoit des jouets d'enfants considérés comme des bibelots dont on fait collection,

Un mobilier, en somme, plutôt indifférent à l'esthétique, et, alors que les édifices religieux témoignent d'exubérance ornementale, seuls comportent des sculptures, dans la maison (fig. 141) particulière, la porte d'entrée, le chapiteau des vérandas et les moulures apparentes du plafond (fig. 142 et 143).

Dans le passé le plus lointain, la religieuse pagode tenait lieu de bâtiments civils. Tout s'y trouvait : la mairie, le tribunal, etc.

Au temps des rajahs, le mobilier, la joaillerie étaient fameux dans le monde entier. Mais que sont devenues ces merveilleuses sculptures taillées en plein cœur de la riche matière ! Et ces ciselures étonnantes, et ces tissus de rêve ! Et ces meubles massifs qui accompagnaient si architecturalement la pagode à laquelle ils empruntaient son abondance de détails si propre à frapper le regard, cette délirante multiplication de bras, de jambes, de têtes !

Comment les fastueux palanquins en ivoire eussent-ils pu être réédités au siècle de la voiture automobile ?

D'ailleurs la matière s'est économiquement altérée, et l'art indigène d'aujourd'hui ressasse, sans progresser, le génie indien d'autrefois. Ce génie indien que nous devons mesurer ici à la proportion du territoire qui nous échoit et au temps où nous sommes, de telle sorte que les styles d'architecture : *dravidien*, *chaloukya* et *septentrional*, échappent à notre développement, tout comme la sculpture d'influence *gréco-bactrienne* dominant les inspirations purement indigènes, tout comme l'art pictural plutôt réfugié dans les miniatures des manuscrits.

Le meuble néo-indien brille par la profusion du détail, la patience du travail et l'adresse de l'exécution, sans originalité de forme, ni d'invention.

Mais terminons notre énumération de l'art purement indien, en citant la fabrication des poteries (fig. 144) et des nattes, puis, après nous être arrêtés à Mouttalpeth, devant ses tisserands « restés fidèles au travail manuel des ancêtres et qui tissent et teignent leurs toiles en plein vent », nous reviendrons à l'architecture européenne.

« ...J'ai choisi pour ma promenade (à Pondichéry), écrit Albert Besnard, un trottoir à l'ombre d'un grand mur, et, de là, je vois se découper sur le ciel bleu les architectures de ces petits palais aux grandes portes cochères silencieuses que franchissaient jadis, couchés sur leurs palanquins, portés par quatre noirs, les nababs

Fig. 144. — Inde. *Un potier.*

français, mollement vêtus, les cheveux à peine poudrés, flottants libres de tout catogan sur leurs épaules... »

Et le célèbre peintre longe ensuite les bazars de la ville indigène, à Pondichéry encore, cette ville du xviiie siècle en plein Extrême-Orient où « les maisons sont décorées de peintures linéaires comme à Pompéi ». A Pondichéry, toujours, notre auteur dessine la fière demeure du gouverneur « au milieu d'un groupe de constructions qui toutes ont des allures de palais et donnent à cet immense quinconce un air de place de la Concorde ».

D'autre part, si Mahé est « moins une ville qu'un jardin touffu où l'on a construit des maisons », Chandernagor offre, avec « sa longue rangée de belles maisons », l'aspect d'une grande ville, et, sans insister sur le bâtiment amorphe de la banque de l'Indochine, non plus que sur d'autres demeures officiellement sacrifiées à la banalité, nous saisirons au passage l'intérêt confortable des habitations élégantes, aux appartements vastes et remarquablement aérés, de Pondichéry. Extérieurement, certains monuments et hôtels particuliers de ce chef-lieu, avons-nous indiqué précédemment, « feraient penser à Versailles », mais, intérieurement, les appartements témoignent d'un raffinement dont on ne se soucia point à l'époque. Nous sommes aux colonies, il est vrai, et la saison sèche de l'Inde commande ce raffinement, ces précautions hygiéniques, plutôt. Aux murailles très épaisses de ces constructions, de larges vérandas ajoutent leur protection efficace contre les ardeurs du soleil. Les pièces communiquent entre elles par des baies spacieuses « devant lesquelles sont tendues des nattes de vétyver que l'on arrose très fréquemment pour rafraîchir l'atmosphère en l'embaumant ». Mais les « pankas », constamment agités autrefois par les esclaves, même pendant la nuit, et qui renouvelaient l'air dans toutes les pièces, sont maintenant remplacés par des ventilateurs électriques...

En revanche, le parfum de l'Inde se poursuit dans la saveur exquise des fruits du manguier, du goyavier, du papayer, de l'oranger, du citronnier, berçant notre rêve d'une faune parallèlement caractéristique, alors qu'hélas! le tigre ne bondit plus guère dans la jungle, et la flore merveilleuse console au pays féerique des pagodes hindoues, qui évoquent avec leur pyramide touffue de sculptures, un immense bouquet.

Enfin, si les bijoux, si les « indiennes », font penser à l'art persan, les « chélingues » ou chaloupes à rames qui débarquent à Pondichéry, capitale de nos possessions actuelles, les marchandises des vapeurs mouillés au large, évoquent les embarcations de l'ancienne Égypte. Réminiscences ensoleillées que distrait quelque bayadère jouant du « vine ».

CHAPITRE VII

L'ART ASIATIQUE *(Suite)* :
L'INDOCHINE (Extrême-Orient)

L'originalité de l'art indochinois réside en une affirmation personnelle de la beauté que l'Inde et la Chine réunies lui procurèrent. Des nuances étant seules susceptibles de départager les divers apports de ce double modèle, richement assemblés sur son sol et fondus à son goût, à son geste, à son esprit.

Pareillement, les styles khmer et cham (les Khmers sont les ancêtres directs des Cambodgiens actuels, et les Chams régnèrent sur l'Annam avant leurs vainqueurs, les Annamites, eux-mêmes, s'étant affranchis du joug de la Chine) seront inséparables, dans notre pensée, des plus belles constructions du Cambodge, écrasés d'ailleurs par un style indien prépondérant, à l'exception du type mixte des figures décoratives où l'on retrouve le charme mongol, du fait que les Khmers s'étaient croisés avec les Mongols.

Au reste, les subtilités du détail échappent à notre résumé, et nous nous accorderons, premièrement, à célébrer en Indochine une manifestation monumentale des plus curieuses.

Ce besoin de fouiller la pierre comme le métal, du gigantesque au minutieux, a donné généralement à l'art de l'Indochine son caractère le plus saisissant. Semblable délire ornemental rassemble le monument immense et l'objet minuscule, et cette erreur, en somme, dans la mesure décorative, variable suivant les diverses proportions et surfaces, arrache notre admiration.

Mais encore cette admiration s'adresse-t-elle à la qualité merveilleuse du travail de sculpture, de ciselure, en quoi excellent les Annamites et les Cambodgiens.

Quant au modèle de cette ornementation, touffue et saisissante d'irréel, **il demeure** d'une invariable monotonie qui assure son style en même temps **qu'il** l'emprisonne. Car l'art indochinois vit sur un mode d'expression **éternel**. Il n'a point évolué depuis sa naissance parce qu'il est avant **tout** esclave d'une tradition sévère de symbolisme et qu'il doit résister, en conséquence, à tout émoi individuel.

Si l'art de l'Indochine ne s'est point développé, s'il n'a point varié, il faut lui savoir gré, au moins, de n'avoir point connu la décadence. Cela tient au tempérament d'une race calme et obstinée, fidèle à un rite comme à une règle ancestrale, à une race dont l'habileté manuelle, aussi bien, se suffit à une patience d'exécution hors de pair.

D'autre part, une civilisation paisible et stagnante, sans grands besoins et non avide de gloire, s'accorde avec cette inertie sacerdotale, avec cette rêverie intérieure, concentrée et bornée, avec cet amour du beau travail qui composent le fond d'un art et tiennent lieu de sa diversité inventive.

En Indochine, on ne devient point artiste, on l'est de père en fils, de souches en communauté. Point de place donc pour l'individualité qui est le propre de l'artiste, mais aussi quelle extraordinaire aubaine pour la transmission du don d'exécution, de technique !

Le tour de force manuel, enfin, rompt la monotonie créatrice. Une sculpture, une broderie, sont tellement étonnantes de difficulté surmontée, d'habileté de ciseau ou d'aiguille, qu'elles nous transportent d'art. Ceci supplée cela, en quelque sorte. En tout cas, nous voici en présence d'un génie rigide, cristallisé, et d'une beauté sinon renouvelée du moins définitive.

Nous allons maintenant aborder l'architecture indochinoise.

Notons premièrement que c'est dans la hauteur que le Tonkin

et l'Annam, ont, à l'exemple de la Chine (qui leur transmit le bouddhisme, le confucianisme et le culte des ancêtres), cherché l'effet architectural de leurs pagodes, alors qu'ils portaient tout leur souci décoratif dans le revêtement extérieur. Et le Cam-

Cl. Serv. photo-ciné gouv. gén. Indochine
Fig. 145. — TONKIN.
Portique d'entrée de la pagode des Dames, à Hadong.

bodge a sacrifié au goût cinghalais dans ses mêmes constructions.

De l'architecture monumentale religieuse semblerait résulter une construction rappelant le temple chinois, si les lois imposées à ladite construction ne dictaient le type de la maison chinoise dans l'Extrême-Orient tout entier, par raison de climat. Envisageons, d'ores et déjà, une distinction entre l'architecture siamoise et birmane, qui participe de l'art indien à cause de son voisinage géographique, et l'architecture des Khmers dont les origines remontent à l'Égypte, à la Grèce, pour les lignes générales, ainsi qu'à la primitive Chaldée, pour le décor, malgré que l'Inde, encore, se soit ajoutée à ces suggestions pour les dominer.

Quant aux moyens de départager l'expression esthétique des

Cl. Serv. photo-ciné gouv. gén. Indochine.
Fig. 146. — TONKIN.
Portique d'entrée de la pagode de Confucius, dite des Corbeaux, à Hanoï.

Chams et des Khmers, ils sont précaires. Et nous sommes avec Mme J. Leuba *(Les Chams d'autrefois et d'aujourd'hui)*, pour constater que les monuments khmers ne se distinguent guère de ceux des Chams, « au moins dans la période angkorique, qu'à leurs constructions en grès, tandis que celles des Chams sont toujours en brique avec des encadrements de portes et motifs ornementaux en pierre ». En revanche, lorsque nous parlerons de la physionomie des villages annamites et cambodgiens, nous esquisserons aussi la désolation de ceux des derniers Chams.

Le temple indochinois, avons-nous dit, avec la pyramide de ses vastes toits à plusieurs étages, relevés à chacune de leurs

L'ART ASIATIQUE : L'INDOCHINE (EXTRÊME-ORIENT) 209

extrémités, ressemble à la pagode dont il a conservé d'ailleurs les dispositions intérieures et la sobriété du dehors. Aspect

Fig. 147. — TONKIN. Le bassin dans la pagode de Confucius, dite des Corbeaux, à Hanoï.
Cl. Serv. photo-ciné gouv. gén. Indochine.

d'ensemble plus gracieux que grandiose. Ses colonnes de bois, dont des poutres traversent la partie supérieure en place de

14

chapiteau, portant sur une base de pierre. Des colonnes seules soutiennent l'édifice; point de murs intérieurs. Tout un chef-

Fig. 148. — ANNAM. *Porte d'entrée du « Co Mât »* (*Conseil des ministres*). Cl. Serv. photo-ciné gouv. gén. Indochine.

d'œuvre de charpente à nu, merveilleusement ouvragée et ornée, à l'exception des colonnes. La diversité des matériaux employés exprimant la différence des formes comme la couleur complète l'architecture, — tous ces édifices sont peints, — des tuiles vernissées, couronnées au faîte par des chimères et des dragons, concourant à un ensemble délicieusement fantaisiste

Cl. Serv. photo-ciné gouv. gén. Indochine.
Fig. 149. — TONKIN.
Portique d'entrée de la grande pagode de Huong-Tich,
vu de l'intérieur.

dans l'enchevêtrement de lignes et de décors harmonieux où les bois d'ébène et de thuya, ou ceux du teck, du sao ou du golim, aux tons et veinures capricieux, sont taillés avec une verve et un talent des plus caractéristiques.

Autres distinctions, en dehors de l'abondance des sculptures et du miracle des couleurs, — voire de l'or, — prodiguées : point de fermeture du côté du nord, plusieurs rangées de colonnes supportant le toit; portiques ou arcs couronnés par un toit comme le temple, portiques surchargés de figures d'hommes, de

Cl. Serv. photo-ciné gouv. gén. Indochine.
Fig. 150. — TONKIN. *Pagode de Lien-Phai, à Hadong.*

dieux, de fleurs, d'oiseaux fantastiques, découpées à jour ou sculptées en relief. Ces portiques devançant les divers corps de bâtiment, cours et jardins intérieurs situés à l'entour du temple principal.

Nous renvoyons, au reste, le lecteur à nos gravures, pour une

Cl. Serv. photo-ciné gouv. gén. Indochine.
Fig. 151. — CAMBODGE. *Bas-relief, à Angkor-Vat.*

édification visuelle à laquelle la plume semble se refuser, tant la diversité de cette architecture échappe à une description-type.

A l'intérieur, des innombrables statues, idoles, vases, etc., ajoutent leur curieuse beauté à un ensemble de perspectives savantes, la succession de plusieurs autels étagés s'offrant aux yeux avec un art des préparations à l'effet, très surprenant; la profondeur des jardins d'alentour, aux plantes rares, aux silhouettes d'arbres singulières, complétant ce caractère mystérieux.

Après avoir confondu les architectures siamoise et birmane

avec celle des Khmers, nous distinguerons deux sortes de temples indochinois suivant qu'ils sont voués au culte du bouddhisme ou du confucianisme. Nous venons de décrire

Cl. Serv. photo-ciné gouv. gén. Indochine.
Fig. 152. — CAMBODGE. *Angkor-Vat, massif central.*

l'aspect général du temple bouddhique, voici maintenant les différences présentées par le temple confucéen.

Effet décoratif similaire, mais plan différent.

Le temple confucéen s'inscrit dans un quadrilatère dont trois corps de logis forment les trois côtés, le quatrième recevant des pavillons séparés enclos de jardins, semés d'autels commémoratifs, de stèles, et précédés d'un portique immense orné de statues ou de motifs monumentaux.

L'ART ASIATIQUE : L'INDOCHINE (EXTRÊME-ORIENT) 215

Fig. 153. — CAMBODGE. *Angkor-Vat, aspect d'une galerie.*

216 LES STYLES COLONIAUX DE LA FRANCE

Fig. 154. — CAMBODGE. Angkor-Vat, une cour.

Exemple, le portique de la grande pagode de *Hung Yen*, au Tonkin. Il est à trois entrées, chacune d'elles constituant une sorte de pavillon à deux toits superposés, le pavillon du milieu,

L'ART ASIATIQUE : L'INDOCHINE (EXTRÊME-ORIENT) 217

Fig. 155. — CAMBODGE. Angkor-Vat, tour d'angle et tour centrale.

plus important, comportant deux toits plus élevés, qui abritent un petit autel.

A l'intérieur, plus d'effet perspectif. La salle bouddhique comportait des séries d'escaliers, la salle confucéenne est de plein pied, sans agrément de charpente spirituelle ni de statues, comme précédemment. Des tablettes constituent l'ornementation capitale d'un bâtiment profond que des colonnes simples supportent. Une autre caractéristique confucéenne est l'adjonction fréquente de petits pavillons isolés où s'abritent soit des prêtres, soit des cloches. Ces constructions parasitaires abondent en détails décoratifs charmants et parfaitement harmonieux.

Du temple bouddhique au confucéen, se vérifie comme la nuance entre les temples shinto et bouddhiste du Japon. Au reste, le Japon emprunta son esthétique à la Chine, et, ici, nous retrouvons, répétons-le, l'influence chinoise très nettement affirmée, alors qu'avec le style khmer, placé sous l'invocation de Brahma, nous assistons simplement à un art hindou mitigé de mongol, du moins en ce qui concerne les figures des monuments au type mixte.

Avant d'aborder le style khmer, nous citerons quelques pagodes réputées : celles de *Watchang*, à Bangkok, de *Trem*, dite des quatre colonnes, de *Long Chan*, dés *Dames* (fig. 145), à Hadong, des *Corbeaux* (fig. 146), à Hanoï, de *An Thaï*, dans la province de Binh Dinh (Annam). Et, parmi les portes, celles des *Corbeaux* (fig. 147), à Hanoï, du *Co Mât* (fig. 148) et de *Huong Tich* (fig. 149).

Voici, d'autre part, la tour bouddhique de *Lien-Phai* (fig. 150), dans la province de Hadong (Tonkin). Elle est en briques et s'inspire des tours chinoises, par le même nombre d'étages, mais sa dimension est moins large.

Dans le style khmer, qui l'emporte par la majesté sur la grâce précédente, la forme pyramidale domine. Tous les murs extérieurs et intérieurs reçoivent à profusion des bas-reliefs représentant divers sujets tirés des légendes religieuses ou inspirés des produits de la nature animale et végétale : lions, vaches, éléphants, bœufs, paons, ainsi que des figurations divines (visages énormes, idoles, etc.).

Une multiplication de colonnes courtes et épaisses, surchargées d'ornements, coiffées de chapiteaux bizarres, aux bases parées de moulures grecques, supportent des plafonds composés

Fig. 156. — CAMBODGE. Angkor-Vat, porte principale d'une cour.

d'énormes pierres posées à plat, parfois peintes et aussi sculptés, comme dans les temples égyptiens.

L'édifice sacré relève de trois genres d'expression; soit qu'il se rapproche du précédent type plane, aux galeries circulaires excentriques, soit qu'il cumule les étages superposés (pyramides); soit enfin que, mixte, il rassemble ces deux formes à la fois.

C'est, en somme, la disproportion extraordinaire des détails décoratifs et statuaires accusant les formes de l'architecture, qui donnent au style khmer son aspect le plus saisissant, avec l'immensité de ses proportions. Ainsi, la vaste porte d'Angkor-la-Grande *(Angkor-Tôm)* — la porte dans le monument khmer constitue le principal motif architectural — atteint-elle à l'émotion d'une frappante originalité par l'emphase ornementale de ses dimensions inusitées.

Cette exagération ornementale est, en effet, tout un programme de nouveauté à nos yeux. Aux colonnes rondes de la Grèce succèdent ici des colonnes carrées, souvent sculptées de figures symboliques, gigantesques, en ronde bosse. Une disposition fixe, comme chez les Occidentaux, de la base et du piédestal des ordres, mais avec une décoration variée. Des chapiteaux tellement surchargés de détails qu'ils apparaissent de pure fantaisie. Une multiplication de frises et de bas-reliefs de dieux monstrueux et de souples ballerines (fig. 151), dont les bras et les jambes excessivement prodigués, rayonnent comme des soleils.

Un entablement, enfin, non plus soumis à la discipline des ordres, d'une variété étonnante, au contraire. Ce sentiment de l'immensité des volumes ciselés, découpés, vivants, détermine une richesse inoubliable qui, pour côtoyer constructivement la Grèce et l'Egypte, sait néanmoins s'affranchir de l'exemple en demeurant presque hindoue.

Au vrai, ces ruines d'Angkor, réparties en deux groupes principaux de monuments : Angkor-Tôm (déjà cité) et Angkor la Pagode *(Angkor-Vat)*, sont des merveilles hallucinantes (fig. de 152 à 157). Rien, au delà d'une gravure, ne saurait donner quelque idée de cette accumulation fantastique de colonnes, de portiques et d'escaliers, de tiares en pierre, de galeries et de terrasses s'étendant à perte de vue, bordées de statues et coupées par tant de décrochements et de ressauts, que l'imagination s'en trouve éberluée !

Fig. 157. — CAMBODGE. *Angkor-Vat, autre aspect.*

« Angkor-Tôm, c'est la cité royale, avec sa formidable enceinte de douze kilomètres de tour, encore debout, percée de portes gigantesques et cernée d'un fossé large de cent mètres que peu-

222   LES STYLES COLONIAUX DE LA FRANCE

Fig. 158. — TONKIN. *Entrée du village de Duong-Lieu.*
Cl. Serv. photo-ciné gouv. gén. Indochine.

plaient jadis des crocodiles, gardiens vigilants de la ville. Ces grandes voies, dégagées aujourd'hui, se croisent sur la vaste place centrale que bordent la grande esplanade des Éléphants

L'ART ASIATIQUE : L'INDOCHINE (EXTRÊME-ORIENT) 223

Fig. 159. — Tonkin. *Habitation annamite, à Hadong.*
Cl. Serv. photo-ciné gouv. gén Indochine.

et celle du Roi lépreux, qui encadrent les masses imposantes de ce que furent le Palais et le Temple.

Celui-ci, le Baïon, dresse encore au-dessus de ses trois terrasses superposées, encadrées de galeries, ses cinquante tours à demi écroulées que décore, regardant le quadruple horizon, la tour géante de Brahma. Au long des galeries à demi effondrées, le voyageur, constate M. Henri Gourdon *(Le Tourisme en Indochine)*, s'émerveille et contemple les bas-reliefs sans fin qui retracent l'histoire héroïque du vieux Cambodge et glorifient les dieux protecteurs du royaume.

« Angkor-Vat, poursuit notre auteur, le dernier fleuron de cette prodigieuse floraison de pierre, c'est le temple dont l'enceinte de cinq kilomètres enfermerait une ville. Plus récent que les autres... il se dresse presque intact aujourd'hui... »

Et nous gravissons encore, avec M. H. Gourdon, des escaliers monumentaux, bordés par des milliers de statues, reliant des terrasses et un sanctuaire coiffé d'un dôme gigantesque. Et nous longeons des murs, des soubassements et piliers recouverts d'une inimaginable prodigalité de sculptures énormes, à travers une pyramide de galeries et de dômes. Et nous suivons des allées où ne cessent de s'aligner des statues, de même que sur les porches, des « najas dressent leurs sept têtes, des lions fantastiques, des géants porteurs de massues ou de glaives », aux silhouettes effrayantes ou tourmentées, surgissent à l'envi !

« Que de merveilles encore perdues dans la forêt qui encercle Angkor : le fantastique Pra-Khan, le sobre et puissant Ta-Kéo, le délicat Ta-Prom. Et, au delà encore, que de temples, que de sanctuaires, que de palais peu à peu dégagés de leur linceul vert par la science des archéologues !... »

Et précisément, on a tout récemment découvert Sambor, une cité antérieure à Angkor, qui sort de la forêt cambodgienne, dans la province de Kompong-Thom, à une trentaine de kilomètres de cette ville ! Ce vestige, le plus important d'une civilisation pré-khmère primitive (VIIe siècle avant J.-C.), ne date point, en effet, de la grande époque d'Angkor mais la précède de plus de trois siècles.

Il y a longtemps, d'ailleurs, que l'on avait distingué ces monuments de briques de ceux des Chams, et, soixante-quatre temples ont été aujourd'hui dégagés, non du sol, mais de l'inextricable forêt qui les envahissait, de toute l'armature de lianes, de branches et de racines qui les emprisonnait. Au vrai, les ruines de Sambor partagent sans guère de différence, la

Cl. Serv. photo-ciné gouv. gén. Indochine.
Fig. 160. — TONKIN. *Tombeaux de bonzes, à Hadong.*

beauté de l'art khmer (et de l'art des Chams), d'un art khmer en enfance, rationnellement, mais l'on doit s'incliner, archéologiquement, devant des inscriptions catégoriques, et celle, notamment, trouvée dans le grand temple de Sambor, consacré à Çiva, est datée de la première moitié du VIIe siècle.

Nous nous arracherons, enfin, à la vision superbe et inédite (malgré le souvenir de l'Egypte et de l'Inde) de l'art khmer, sur laquelle la cathédrale gothique ne saurait l'emporter. Il y a identité entre deux merveilles pour la pensée sublime exaltée dans une dentelle de pierre. Et, parallèlement, nous nous remémorerons la préciosité des plâtres sculptés, des faïences excisées, des « zéliges », de l'art musulman.

Dans la partie occidentale du Cambodge, on retrouve l'ancienne architecture laotienne qui, revenant à un idéal moins tourmenté, à des lignes plus calmes, représente davantage le goût annamite que celui de l'Inde, et se reflète dans l'architecture cambodgienne et siamoise contemporaine. En revanche, la pagode du haut Laos, par exemple, aux proportions réduites, s'inspire de la Chine limitrophe.

La maison vulgaire des Laotiens est bâtie sur pilotis. Sa forme rectangulaire relève d'une charpente en bois et de gros bambous. Des feuilles de palmier ou des tuiles de bambou composent son toit, et, des claies de bambous, les parois qui séparent les quelques pièces.

Les demeures aisées, elles, ressemblent à des chalets suisses. Des ouvertures rares et étroites assombrissent l'intérieur, d'accord avec des vérandas dont la toiture s'incline très bas. Un jardin, clos d'une palissade en bambous, apporte sa fraîcheur à un ensemble plutôt rudimentaire.

Et, aussi rudimentaire est l'installation domestique. On couche sur de minces matelas posés sur des nattes, et, quelques tabourets en bambous ou en rotin, joints à des plateaux servant de table à manger, à des petits coffres, constituent l'ensemble de mobilier. Mais l'industrie européenne efface de jour en jour le souvenir savoureux du passé...

Aussi bien, l'orfèvrerie laotienne tend toujours plus à sombrer dans la pacotille. Où sont les délicats bijoux en filigrane d'antan ! Aujourd'hui, étuis, bonbonnières, brûle-parfums, petites coupes, pommes de cannes, gongs, se succèdent sans guère de délicatesse, avec des statuettes en métal creux bourré d'argile.

D'une manière générale — car nous n'avons point ici le loisir d'approfondir — l'architecture monumentale s'énonce gracieusement et sobrement chez les Indochinois, conformément à la dignité et à l'émotion de leur race, colossalement chez les Khmers et les Chams, à l'envergure de leur atavisme (nous avons noté une remarquable architecture pré-khmère), chez les Siamois et leurs voisins, enfin, — dans leurs temples, du moins, plus élevés que solides — avec davantage d'orgueil que de foi, en vertu de leur caractère.

Mme Myriam Harry, d'autre part, a observé que l'Annamite

Cl. Serv. photo-ciné gouv. gén. Indochine.
Fig. 161. — TONKIN. *Un vieux pont de style chinois, à Bac-Ninh.*

n'a pas comme le Cambodgien ou le Chinois l'amour de l'architecture. Il ne possède, dit l'auteur, ni temples somptueux, ni palais imposants, ni maisons durables, ni enceinte fortifiée, mais en revanche, quel charme se dégage de leurs gracieuses créations !

Point de nuances et différences, encore, entre les arts laotien et cambodgien, alors que sont si divers les Bouddhas de notre Indochine !

Le capitaine G. Barrault nous parlera maintenant, après ce court exposé de l'architecture monumentale en Indochine, des habitations paysannes, annamites et cambodgiennes.

« Un village annamite (fig. 158 et 159), (dans l'Ouest cochinchinois) est généralement composé d'une agglomération plus ou moins importante de cases obscures et basses... Édifiées en bambous sur un fond de terre battue, ces paillotes fragiles comportent deux pièces que sépare une mince cloison en feuilles tressées de palmier d'eau. Le mobilier en est sommaire : un bas-flanc, une table boiteuse flanquée d'escabeaux, quelques tablettes d'ancêtres accrochées à la cloison... »

« ...Les Cambodgiens (ainsi que les Thai, du Tonkin, dont nous parlons plus loin) élèvent sur pilotis des constructions plus spacieuses aussi, car elles sont prolongées en façade et en arrière-corps par deux sortes d'appentis. Celui d'avant donne sur une large terrasse découverte où sont placées, d'habitude, les jarres d'eau et — en des caisses grossièrement façonnées — le jardin en réduction fournissant le piment, la citronnelle et les herbes odoriférantes employées dans la cuisine cambodgienne... » *(Le Monde colonial illustré.)*

Parfois aussi, les villages cambodgiens sont flottants, les cases qui les composent étant simplement amarrées à des pieux.

En revanche : « Entre le ciel torride et le sol marécageux, sur des tertres dénudés, au milieu des cultures et des forêts, ces agglomérations misérables, d'aspect hostile et sauvage, où se dressent des silhouettes sèches, des charrettes dételées et de maigres meules de paille, et dont les pauvres paillottes se groupent, comme des bêtes craintives, dans une rude palissade de bois mort, ce sont là les villages chams modernes, dans l'horreur amère de leur dénuement ». Et, d'autre part, Mme Jeanne Leuba à qui nous empruntons encore, accuse ainsi la détresse des premiers occupants de l'Annam : « S'il n'est pas d'infime village annamite, perdu dans la contrée la plus stérile, qui n'ait l'air par ses fins panaches de feuillage d'une oasis dans le désert, il est peu de hameaux chams au milieu du site le plus verdoyant qui n'aient l'aspect d'une plaque de lèpre dans la nature ».

Cependant, les ancêtres des derniers Chams, aujourd'hui divisés en deux groupes principaux : groupe de l'Annam et groupe du Cambodge, méritent d'être à l'honneur esthétique-

L'ART ASIATIQUE : L'INDOCHINE (EXTRÊME-ORIENT) 229

ment, malgré que leurs monuments en ruines — si proches d'aspect

Fig. 162. — COCHINCHINE. *Bords de rivière, à Thu-Duc.*
Cl. Serv. photo-ciné gouv. gén. Indochine.

de ceux des Khmers — se souviennent que leurs auteurs furent civilisés par l'Inde, dont les premiers Khmers, eux, étaient originaires.

Différente encore des précédentes est la demeure des Thaï, au Tonkin. Recouverte d'un toit en paillotte, la maison des Thaï, construite en bambous, clayonnée de roseaux ou de branchages (qui laissent aussi volontiers passer le froid que la chaleur), bâtie sur pilotis, à étage unique où l'on accède par une grossière échelle, comporte une première pièce où habitent les hommes et où l'on prie devant l'autel des ancêtres, et une seconde pièce réservée aux femmes. Au rez-de-chaussée sont relégués le bétail et le poulailler.

Pour aborder ensuite l'architecture citadine, nous noterons initialement que celle-ci n'est pas moins esclave des rites que la construction religieuse (et d'ailleurs aussi la statuaire). Les conditions d'emplacement et d'orientation qui régissent la maison sont subordonnées au culte du Dragon, dieu de la sagesse et père de la race annamite, à qui l'on ne saurait déplaire. D'où, pour les architectes, une contrainte (renforcée par les lois climatiques et d'hygiène) aboutissant à une uniformité de plan représentée, en principe, par un vaste toit s'inclinant jusqu'à quelques mètres du sol, par des galeries demi-couvertes ou entièrement dégagées sur des cours intérieures. La maison, en Annam, se compose de trois murs purement protecteurs, car quatre colonnes supportent, en fait, l'édifice, et d'une colonnade (remplaçant le troisième mur) donnant, soit sur un petit jardin, soit sur une cour dallée, soit sur un étang intérieur que les divers corps de logis s'attachent à ménager.

Quelques marches à monter, une galerie à colonnes, et l'on pénètre dans cette maison à ouverture unique mais à plusieurs portes robustes et étroites, dont toute la charpente, à son extrémité, des arêtes au faîte de la toiture, s'orne de dragons et de chimères sculptés.

Et la maison, enfin, est close le soir par des auvents — assez proches de ceux de nos boutiques européennes — souvent revêtus de peintures laquées ou de mosaïques. Chez l'Indochinois du Sud, la chaude température a dicté un autre type de construction qui pourrait se résumer comme suit. Le plus souvent, au centre d'un jardin : une sorte de hall couronné par un toit

L'ART ASIATIQUE : L'INDOCHINE (EXTRÊME-ORIENT) 231

Fig. 163. — CAMBODGE. *Pagode de Pnom-Penh.*

immense; point de murs, à l'exception seulement de trois, dans la chambre à coucher; pour séparer la maison du dehors : une balustrade courant à faible hauteur sur une bordure de pierres de taille.

A côté de ces demeures modestes, on en imaginera de somptueuses, avec des variantes sur les types que nous venons de parcourir. Ce sont alors des murs moulés ou sculptés qui cloisonnent la maison, et des cours, des murs, qu'à intervalles réguliers des colonnes carrées, à parement de mosaïques, brusquent et exhaussent avec les agréments décoratifs que nous savons : dragons, chimères, flammes symboliques, phénix et autres animaux fantastiques.

Dire enfin, la fantaisie des kiosques, des arcs de triomphe reliant de vastes bâtiments à des cours spacieuses, des jardins, et de tout cet ensemble qui tient du miracle dans la dentelle du décor et la richesse des matériaux prodigués, défie la plume. Et, naturellement, ce sont les palais impériaux et royaux de l'Indochine qui atteignent à la suprême splendeur.

Goûtez plutôt les magnificences qui suivent, à commencer par la demeure de l'empereur d'Annam, à Hué : une vaste citadelle de deux lieues et demie de tour où s'enclosent les bâtiments officiels : ministères, musée, etc., ainsi que la Pagode et la Tour de Confucius, « bâtis dans le style traditionnel chinois, auquel les architectes annamites ajoutèrent un peu de la grâce et de l'élégance qui caractérise leur race affinée ». Et puis, voici la description intérieure du palais impérial : « des salles aux hautes colonnes de laque, des portes sacrées peintes de dragons gigantesques, le trône du souverain drapé de soie d'or, les temples dynastiques aux énormes urnes de bronze... »

Si nous abandonnons ensuite, à leur pittoresque splendeur, les tombes impériales et celles des bonzes (fig. 160), nous nous promènerons à travers les parcs magnifiques d'alentour. Des parcs de rêve, aux portiques de bronze et d'émaux, aux douves et bassins fleuris de lotus, coupés d'élégantes passerelles, « aux cours d'honneur où les éléphants et les chevaux, les guerriers et les mandarins de granit montent une garde éternelle », aux pavillons de repos et pagodes joyeusement semés dans cette fraîcheur de nature délicieusement arrangée. Et puis, dallée

Cl. Serv. photo-ciné gouv. gén. Indochine.

Fig. 164. — TONKIN.
Statuettes de bois représentant le paradis et l'enfer
(pagode des Dames, à Hadong).

comme une voie romaine, la route mandarine ancestrale s'égare à travers des cols tourmentés, paraît et disparaît, jouant comme à cache-cache avec ces monuments annamites aux toits à pointes relevées, aux sculptures fouillées et grimaçantes de dragons, dont le paysage est jonché.

Mais hélas! les traditions indigènes relatives à la construction se sont évanouies devant le progrès, et nous ne parlons que pour mémoire de tout un passé architectural dont les témoignages disparaissent de jour en jour. Après l'engoûment pour la manière anglaise, l'Indochine a adopté notre mode française, et l'architecture de chez nous, peu à peu, domine l'originalité ancestrale.

Combien ils tendent à disparaître les ponts en bois du Tonkin, couverts (fig. 161) ou non, qui enjambaient si gracieusement, en faisant le dos rond, le fleuve placide, tandis que les ponts de pierre, affectés aux eaux vives, gardaient de l'art khmer une majesté et une richesse frappantes! On vient d'inaugurer entre Tourane et Nhatrang, en Annam, quatre ponts en ciment armé! Le pont de Choqui, entre autres, compte 408 mètres de long... C'est le progrès.

Qu'advint-il de cette architecture funéraire, de ces nécropoles fastueuses qui autrefois vénéraient, monumentalement, des personnages de marque?

Au milieu du XIXe siècle, les maisons de Saïgon étaient tantôt en bois recouvertes de feuilles de palmier nain, tantôt en pierre (pour le plus petit nombre) et coiffées d'un toit en tuile rouge gracieusement recourbé comme celui de la pagode. Saïgon n'offrait, en 1858, qu'un « ensemble de huttes bâties sur pilotis le long d'arroyos fangeux », mais aujourd'hui!...

Néanmoins, notre civilisation conquérante n'a pu triompher totalement des séculaires beautés et coutumes. Les jonques (fig. 162) chinoises continuent à sillonner les fleuves du Tonkin, de même que les sampans dansent encore dans le port de Saïgon. Saïgon, ville française, s'enorgueillit de son quartier chinois — à côté de Chalen demeurée ville chinoise — tout comme Hanoï, capitale nouvelle de l'Indochine, la cité aux cent pagodes, se flatte de sa ville indigène, tout comme Pnom-Penh, au sud de son quartier européen, se targue de sa ville cambodgienne.

Pnom-Penh, avec la pagode du roi Norodom bâtie sur le

L'ART ASIATIQUE : L'INDOCHINE (EXTRÊME-ORIENT) 235

Cl. Serv. photo-ciné gouv. gén. Indochine.
Fig. 165. — TONKIN.
Meubles, bronzes, etc., *composant l'autel des ancêtres, à Hanoï.*

modèle des pagodes siamoises, aux chapelles rectangulaires entourées de vérandas. Ces pagodes aux toits traditionnellement cornus et surmontés d'un motif en forme de télescope que l'ancien Cambodge légua à l'architecture kmère moderne.

Pnom-Penh, capitale du Cambodge, « avec son Palai royal, les flèches dorées de ses pagodes, mélancolique reflet des splendeurs khmères », Pnom-Penh, avec sa brillante sépulture royale !

Cl. Serv. photo-ciné gouv. gén. Indochine.
Fig. 166. — TONKIN. *Les génies* (pagode de Lim, à Bac-Ninh).

Mais le pont des Najas, à Pnom-Penh, — qui fait communiquer le quartier européen avec la ville marchande, — aux corps de serpents formant parapet tandis que l'épanouissement en bouquet de leurs têtes stylisées marque le départ des rampes, est moderne. Mais la pagode de Pnom (fig. 163), construite en l'an 986 de notre ère, est restaurée depuis 1894, et que d'autres réparations, plus ou moins heureuses, sèment notre vaste colonie d'Extrême-Orient ! Et que de ruines vénérables !

« De la vieille forteresse annamite d'Hanoï, constate Gervais-

Courtellemont, il ne reste plus qu'une sorte de tour, l'ancien mirador, pointant vers le ciel sa silhouette de massive cheminée d'usine. Les débris, aujourd'hui dispersés, des autres monuments qui la composaient, ont servi de matériaux de construction, et seuls les serpents aux têtes de dragons qui décoraient un escalier monumental gisent dans un coin, oubliées. » Du même auteur, cette description de la pagode du Grand Bouddha, aux environs d'Hanoï, avec ses élégants portiques, ses toi-

Cl. Serv. photo-ciné gouv. gén. Indochine.
Fig. 167. — TONKIN. *Statuettes annamites modernes, en cuivre ciselé.*

tures décorées de faïences, ce vieux monument de légende, aux cours humides où grouille une plèbe en haillons :
« A l'intérieur, la colossale statue du Bouddha, sans élégance et sans beauté, bloc qui paraît monstrueux dans ce petit réduit. Quelques superbes panneaux aux nacres incrustées dans l'ébène ou la laque, sont accrochés aux murailles, et, devant l'autel un riche retable de bois profondément sculpté et doré, des bibelots rares, des vases d'étain et deux grâces hiératiques perchées sur des tortues, symboles de vigueur et de longévité. Des baguettes d'encens brûlent doucement dans des brûle-parfums de bronze... »

Au reste, ces lignes datent déjà, et le nécessaire depuis a été fait par la France pour protéger les vestiges d'un passé qui se réclame de la beauté éternelle.

Après un dernier coup d'œil émerveillé sur l'idéal féerique des Khmers dont les formes massives, dont les divinités monstrueuses et hybrides sont taillées dans le roc, à ciel ouvert (ou faites de matériaux rapportés aux époques les plus rapprochées), nous parlerons plus généralement des ressources offertes à la construction, en Indochine.

Comme matériaux d'expression architecturale, le sol de l'Indochine, riche en carbonates de chaux, lui fournit de solides revêtements, et, l'argile ferrugineuse de son sol composant une pierre très résistante dite d'abeilles ou de Bien-Hoa, ajoutée aux bois de fer de ses forêts, garantissent à ses édifices une robustesse qu'ignore la Chine.

Qu'est devenu, cependant, le village tonkinois tel qu'il était autrefois, avec sa maison commune et ses pagodes qui tranchaient seules sur ses misérables paillotes !

« Les riches n'osaient (alors) laisser voir leur richesse; le village s'enfermait derrière l'impénétrable haie de bambous... »

Les villages catholiques construisent aujourd'hui des églises sous les yeux étonnés de la pagode voisine, et des hôtels de ville ne surprennent pas moins la maison commune d'à côté.

Si la France a chassé les fauves de la brousse au bénéfice de pâturages où paissent des bœufs magnifiques, elle sut néanmoins, — dans les limites du progrès, — respecter la terre de Bouddha dont les chefs-d'œuvre caractéristiques ajoutent à l'orgueil de notre patrimoine national.

Toujours est-il qu'au Tonkin, à Hanoï, c'est la brique qui constitue la succession des villages de la ville indigène, tandis que dans la ville française s'alignent, sans originalité, des comptoirs et des magasins, des banques et des villas élevées dans des jardins, sur des boulevards neufs...

Que dis-je ! A Hanoï, l'automobile aujourd'hui multipliée, le dispute dérisoirement à la course humaine du *pousse-pousse* (désormais caoutchouté !), à travers un plan tracé à l'équerre, à travers des rues coupées à angle droit, où de lourdes cariatides, aussi peu réjouissantes que les nôtres, nous guettent.

Que dis-je ! Les journaux annoncent que deux artistes déco-

L'ART ASIATIQUE : L'INDOCHINE (EXTRÊME-ORIENT) 239

Fig. 168. — CAMBODGE. *Bas-relief d'Angkor-Vat.*

rateurs parisiens viennent d'être mandés à Bangkok, capitale du royaume de Siam, par le roi, pour renouveler la décoration de son palais ! Or, si ce choix flatte notre orgueil national, combien il nous blesse profondément quant à l'originalité de l'art d'Extrême-Orient !

Il est vrai que Bangkok a depuis longtemps renié la tradition indigène. Bangkok avec ses « palaces », ses clubs, ses cinématographes et ses affiches lumineuses, arrangés dans le goût britannique, qui arracha à Mme Myriam Harry, en 1912, cette spirituelle boutade : «... le rêve du roi Choulalonkorn est de transformer Bangkok en un petit Londres hindoustanique (*L'Indo-Chine*) ! »

Mais, en nous résumant, les plus attachantes beautés demeurent préservées, et, après notre admiration, au Cambodge, des temples khmers et des ruines féeriques d'Angkor, nous remporterons de Hué, l'antique cité des empereurs d'Annam, le souvenir le plus poignant. Hué à qui sa citadelle de dix kilomètres fait comme une ceinture, Hué avec sa merveilleuse « plaine des tombeaux » ! Aussi bien la vieille ville chinoise de Cholon, en Cochinchine, à Saïgon, ne nous aura pas moins charmés que les chutes du Mékong, au Laos, ne nous impressionnèrent à l'égal des rapides de Trian. Trian dont les plantations d'hévias sont encore une magnificence de la nature.

La superbe jonchée des pagodes, des portes monumentales, des restes funéraires, ajoute enfin à l'émoi d'une vision que les chefs-d'œuvre humains achèvent de transporter dans un domaine du divin où notre civilisation s'est fait un devoir de n'intervenir qu'irrésistiblement.

* * *

Nous avons vanté précédemment les qualités précieuses du travail artistique des Indochinois, en indiquant, parallèlement, la monotonie de son ressassement traditionnel. Or, en cette flagrante passivité s'avère tout un programme de résultat

Fig. 169. — CAMBODGE. *Bas-relief d'Angkor-Tôm.*

volontaires que la peinture, au moyen de laques, et la broderie, cristallisent dans une vision de miniaturistes.

De même que les Chinois, qu'ils ont surpassé dans la fantaisie et plus coloristes qu'eux, sans atteindre au génie ornemental des Japonais ni à leur goût raffiné, les Indochinois s'acharnent à une fantaisie minutieuse. Plus d'influence indienne, maintenant, les peintres, sculpteurs (fig. 164), etc., de l'Indochine, versent plutôt dans le modèle chinois qu'ils rejoignent d'ailleurs, par la technique extraordinairement patiente et habile. Rien d'étonnant, d'autre part, que leurs œuvres évoquent aussi celles des Japonais, puisqu'ils burent aux mêmes sources d'inspiration chinoise que ces derniers.

Cependant, restés en dehors de la verve et du naturalisme admirablement décoratifs des Japonais, les Indochinois ont en quelque sorte adopté les principes de notre symétrie européenne, malgré que leur perspective demeure purement asiatique.

Renvoyons donc le lecteur à ces délicieux coffrets de laque, à cette multitude des petites boîtes en bois, fouillés avec autant de minutie que le métal, que ces frontons et appliques d'architecture, à ces meubles (fig. 165) d'une construction si proche des nôtres mais étonnamment ajourés et incrustés de nacre, où se jouent les plus audacieuses compositions chimériques, dans un sempiternel mode d'exécution subordonné à la plus stagnante des inventions décoratives.

Décoration débordante au surplus, confinant souvent davantage à la richesse des matières associées qu'à la pureté esthétique.

Du côté de la statuaire (fig. 166), notre intérêt sera acquis particulièrement à la technique remarquable de représentations ornementales exclusivement symboliques, à ce goût pour l'immobilité et la passivité dont l'Orient s'est fait une loi, à ce sentiment à la fois dogmatique et énigmatique qui s'affranchit de la plastique naturelle et atteint souvent, dans une dimension démesurée, à une certaine grandeur. Pourtant, en Indochine comme en Chine, les artistes et artisans excellent surtout dans le bibelot où les ramènent leurs dons de ciseleurs (fig. 167), alors qu'au

L'ART ASIATIQUE : L'INDOCHINE (EXTRÊME-ORIENT) 243

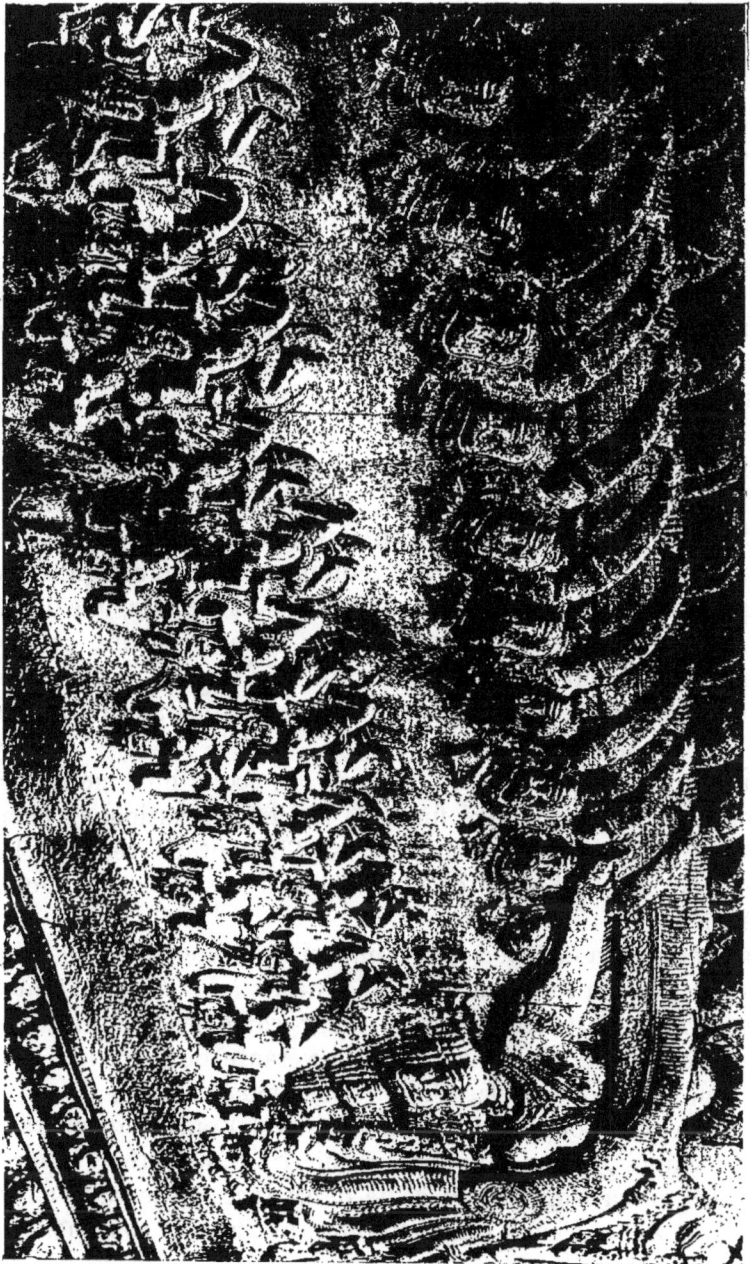

Fig. 170. — CAMBODGE. *Bas-relief d'Angkor-Vat.*

contraire, les anciens Chams et Khmers avaient un geste d'expression immense.

A quels sommets atteignit la statuaire décorative des Kmers (fig. 168, 169 et 170) !

Nous retrouvons alors les vases et brûle-parfums, les gongs et cloches, les plats et tous autres récipients en métal d'une Chine légèrement déviée dans la facture, par opposition à cette étourdissante fantaisie qui était réservée au Japon. Mais voici que la minutie du bijou d'or ou d'argent remet en vedette le burin magique de l'Indochinois, non moins à son aise dans la pratique de l'émail et de l'ivoire, et, en tant que céramistes, les artistes qui nous occupent poursuivent encore les formes chinoises avec maîtrise.

Un dernier coup d'œil jeté sur des étoffes richement et prestigieusement brodées (fig. 171), nous édifiera sur la valeur fondamentale d'un art habilement assimilé, d'un art immobilisé qui pousse la modestie jusqu'à se refuser à la détermination d'une époque, à la révélation d'une signature. Point d'écoles, une lignée obscure d'artistes se succédant chacun dans son genre, comme se léguant un tour de main qui est un tour de force, au nom du respect borné de la tradition ancestrale, telle apparaît la pratique de l'art en Indochine.

Aujourd'hui cependant, — grâce à des écoles dont nous parlerons dans notre chapitre final, — nos efforts nationaux commencent à porter leurs fruits. C'est l'instant de résumer les phases de l'art qui nous occupe, d'hier à nos jours, du moins en Annam.

La pénétration de l'Occidentalisme en Extrême-Orient marque sa décadence, car les Annamites, redevables à la Chine de toutes leurs formes d'esthétique, après avoir copié leurs initiateurs, au Xe siècle, malgré l'imitation persévérante de leurs modèles, témoignent, au XIe siècle, d'une réelle tendance originale.

Puis vient l'époque (début du XIIIe siècle) où, en demeurant encore chinois, l'art annamite acquiert un caractère propre, conforme en sa fragilité, au génie de sa race, l'intervalle entre les XVe et XVIIIe siècles représentant le meilleur de son énonciation traditionnelle, jusqu'à sa formule définitive aux premières années du xixe siècle.

C'est alors la décadence dans la production intensifiée, dans l'industrialisation, et, si l'influence chinoise a disparu depuis notre arrivée en Annam, l'imitation de l'art occidental, en re-

Cl. Serv. photo-ciné gouv. gén. Indochine.
Fig. 171. — Tonkin. *Brodeurs annamites*, dessinateur au travail.

vanche, prévaut, déformé au surplus, mal assimilé, tournant le dos enfin, aux traditions ancestrales.

Il faut observer, toutefois, que le contact occidental a délivré aujourd'hui les Annamites des canons qui assujettissaient auparavant leurs œuvres à une formule technique exclusivement religieuse et aristocratique.

Or — ceci compense cela — une éducation artistique bien ordonnée, grâce à des méthodes rationnelles, non seulement remettra le génie annamite dans la voie de la tradition du passé, mais l'exaltera jusqu'à se surpasser même. On s'emploie d'ailleurs, activement, sous notre drapeau, à cette tâche rénovatrice de l'art annamite, en ses moindres branches d'expression.

Au vrai, il était temps d'enrayer aussi la production impersonnelle des habiles artisans et ouvriers du Tonkin, centre d'activité des pays de civilisation sino-annamite.

Il faut enfin, que l'art si vaste et si mâle des Chams, les premiers maître de l'Annam, ainsi que celui des Khmers, ascendants des Cambodgiens actuels, assistent à l'aube de leurs chefs-d'œuvre poursuivis.

L'art cambodgien, d'ailleurs, n'a pas moins été rappelé à la vie par nos soins, au nom du passé mémorable.

CHAPITRE VIII

L'ART OCÉANIEN :

Archipel de Tahiti. Iles Marquises. Nouvelle-Calédonie. Nouvelles-Hébrides.

TAHITI

Dans l'archipel de Tahiti (ou archipel de la Société), Tahiti, île principale, donne la note esthétique la plus typique. Mais il apparaît qu'aux alentours de Tahiti, dans le passé, l'archipel tout entier ne s'écarta guère de l'exemple rudimentaire.

Si nous remontons à une soixantaine d'années, nous voyons les insulaires remplacer leurs mauvaises huttes par de jolies cases couvertes en feuilles de pandanus et bâties sur des sablières en corail taillé. Voici qui nous change des matériaux ordinaires, mais Tahiti repose sur des coraux, et les autres îles sont plutôt de longs récifs dont de véritables digues de corail, sur la pente douce de leur côté intérieur, forment des lacs. Des troncs de pandanus composent encore la forme de la toiture de ces cases, et aussi ses montants, cadres des portes et fenêtres. Entre les montants : des panneaux de remplissage faits d'arêtes superposées de feuilles de cocotier, et, quelques Indiens, dit-on, garnissent leurs cases de larges lits tahitiens munis de nattes et de moustiquaires.

On cite aussi des maisons en bois, à l'européenne, construites

Photo Office colonial.
Fig. 172. — TAHITI (Archipel de). *Tombeau du roi Pomaré V, à Papeete.*

pour certains chefs, mais elles seraient rarement achevées. D'autre part, dans plusieurs grandes vallées de Tahiti, on a

L'ART OCÉANIEN : TAHITI 249

trouvé des traces d'anciennes habitations, des sépultures, qui ont fait croire que la population, tout entière au bord de la mer,

Fig. 173. — Tahiti. *Une case indigène.*

avait, à une époque reculée, reflué vers l'extérieur, mais ces monuments n'étaient point des vestiges de populations éteintes. Ils témoignaient seulement du déplacement du vainqueur poursuivi par le vaincu, lors de dissensions intestines. Le vaincu se réfugiait alors dans les vallées où il se défendait plus facilement, élevant de nouvelles cases et de nouvelles clôtures, des *maraë* et des sépultures, jusqu'au jour où il pouvait réintégrer les bords de la mer qu'il affectionnait.

Il faut nous contenter aussi, d'enclos remarquables entourés de murs en pierres sèches et de quelques plates-formes de cailloux que l'on avait l'habitude de donner pour base aux maisons des personnages de marque, tandis que la plupart des habitations populaires étaient construites à même le sol. A des corvées choisies parmi les classes inférieures incombait la construction ou la réparation de a case privilégiée que l'on devait entourer de la plate-forme de cailloux susdite, en proportion de son importance.

A ces souvenirs évanouis s'ajouteraient encore les tours des forts, aux ruines toujours vaillantes, témoins de nos luttes avec les Tahitiens, au milieu du xixe siècle, mais vraiment, en dehors de ces indications, l'architecture de l'archipel de Tahiti nous échappe, et ce n'est pas le tombeau du roi Pomaré V, à Papeete (fig. 172), qui nous la fera mieux saisir.

Cette pyramide tronquée, en corail gris, dont l'extrémité s'adorne sans grâce d'une petite toiture à quatre pentes, surmontée d'une sorte de cheminée!

Cependant, le *maraë* ou temple en plein air de la religion tahitienne, donnera plus ample satisfaction à notre curiosité.

Le *maraë*, de formes différentes, se composait d'une enceinte de dimensions variables, à peu près rectangulaire, et d'un autel dont le parallélépipède droit occupait le milieu entre les deux côtés, mais généralement beaucoup plus rapproché d'un des deux petits côtés qui s'appelait le derrière du *maraë*, et l'autre, le devant du *maraë*. Chez d'aucuns de ces *maraë*, le parallélépipède de l'autel finissait en gradins distribués sur toute la longueur de la grande base et sur le devant. On comptait généralement trois gradins pour accéder à ces autels (nus et vides) assez semblables à ceux de nos églises, n'étaient leur exécution rude et leur hauteur qui dépassait probablement quinze mètres.

L'ART OCÉANIEN : TAHITI 251

Les *maraë* les plus remarquables enrichissaient de corail le massif intérieur de leurs autels, tandis que de larges dalles,

Fig. 174. — TAHITI (Archipel de). *Maison commune.*

grossièrement taillées dans la pierre des montagnes, servaient de revêtements extérieurs.

Outre l'enceinte et l'autel, les *maraë* de choix étaient accompagnés d'autres compartiments formés dans l'enceinte générale ou au dehors, qui représentaient, par exemple l'un, l'enceinte

Photo Mus. d'Ethn. du Trocadéro.
Fig. 175. — Tahiti. *Tête* (pierre volcanique).

des offrandes (sur le devant); l'autre, le charnier (sur le derrière) où l'on jetait les restes des offrandes (fruits et viande consacrés aux dieux).

Proche l'enceinte des offrandes, était un compartiment tou-

Fig. 176. — Iles Sous le Vent (Archipel de Tahiti). *Un paysage, à Raiatéa.*

chant le bord de l'autel où officiait le grand prêtre, tournant le dos au prince propriétaire du *maraë* ainsi qu'à ses parents de sexe masculin, cantonnés dans le reste de la grande enceinte; les femmes devant toujours se tenir en dehors même des murs extérieurs, avec la lie du peuple...

Presque tous ces autels, répétons-le, différaient de formes et de dimensions. Le plus ancien *maraë* dans l'archipel de Tahiti, est **celui d'Opoa**, à Raïatéa, les ruines d'autres se trouvent à Tahiti et à Mooréa.

Au résumé, une architecture **sommaire** dont il ne faut guère retenir que les assises fastueuses autant **qu'inédites**, de corail, et aujourd'hui, généralement construites en bois, **couvertes en** tôle ondulée, du type « colonial », les maisons s'agrémentent seulement d'une véranda. Leurs bois et menuiseries, prêts à être montés, viennent généralement de San-Francisco.

Toutefois, des « bungalows » dissimulés dans la verdure, et des cases, rompent avec cette banalité sans pittoresque à laquelle s'ajoutent encore des temples protestants en bois, munis de fenêtres gothiques...

En dehors d'un goût marqué pour la pêche de la nacre et des perles, au delà de l'intérêt pittoresque de leurs pirogues « à balanciers, minces comme des profils découpés dans une planche », aucune trace d'art chez ces insulaires.

La fertilité excessive de leur sol où toutes les plantes importées des différents continents se sont naturalisées d'une manière surprenante, les a comme affranchis de l'effort de créer. La beauté de la nature semble avoir borné leur idéal. La religion de ces Océaniens demeure même stérile esthétiquement, dans les idoles qu'ils conçurent. L'idole d'un *maraë* royal n'était qu'une vulgaire pièce de bois, de fer ou de bois d'ati, qui, malgré que roulée dans les étoffes indigènes les plus précieuses, entourée et surmontée de plumes d'oiseaux les plus rares, ne ressemblait guère qu'à un soliveau emmailloté.

Ces idoles variaient de taille suivant l'importance du prince dont elles étaient la propriété, et, au bas peuple échéait des dieux de poche relégués dans un étui de bambou.

Plutôt que de faire état encore, d'une sculpture tahitienne sur pierre volcanique (fig. 175), nous devrons nous suffire de la richesse des huîtres perlières, des perles et coraux, autant de

Fig. 177. — Iles Sous le Vent (Archipel de Tahiti).
Un village dans l'île de Tahaa.

présents de la nature que la coquetterie mondiale arracha aux mains d'indigènes béats.

Car ce ne sont ni leurs bols à kawa, ni leurs calebasses, ni leurs sièges en *tou*, ni surtout leurs noix de coco travaillées, qui témoignent de quelque beauté, si, en revanche, leurs armes et coquilles servant de clairon, leurs pirogues avec leurs pagaies, leurs nattes et leurs filets, touchent à l'originalité par le truchement de la grossièreté primitive.

Accordons néanmoins quelque intérêt à certains objets usuels tahitiens, tels que kookas en bois de rose, pilons en tamanu, battoirs à tapa, sans oublier les chapeaux et tresses de Rurutu et divers travaux en pandanus.

Mais en compensation d'un art en somme anodin, quels sites merveilleux! Quelle luxuriante végétation! Depuis le goyavier aux fruits délicieusement sucrés, jusqu'aux caféiers, girofliers, canneliers, vanilliers et autres sources de parfum!

« ...Pitons rocheux, grottes marines, plages de sable noir, renchérit M. Pierre Daye; partout jaillissent les cocotiers... l'air est comme une caresse. L'odeur capiteuse du « tiaré » qui est une sorte de tubéreuse très parfumée, se mêle à celle de la frangipane... verts d'eau, opales, bleus de pastel, sur la mer, dans les feuillages... Des fleurs : le carmin étoilé des hibiscus, le violet, par grappes, des bougainvilliers, les frangipaniers aux tons crèmes... »

Quelle délicieuse contemplation aussi, que Raïatéa (fig. 176), par exemple, sur la côte des Iles Sous le Vent! Ce paysage de Raïatéa où les montagnes riantes de verdure s'estompent dans des lointains bleus de rêve!

Et, aux Iles Sous le Vent, encore, à Tahaa (fig. 177), ne sommes-nous pas charmés par la case indigène en « niao » (feuilles de cocotiers tressées) qui s'avance si légèrement sur ses fragiles pilotis, dans la mer?

Cette case dont les pentes feuillagées tombent très bas sur la succession de boiseries frustes qui l'entourent. Au surplus, les Iles Marquises s'enorgueillissent de la baie de Taiahaé. De l'art naturel, encore, de la beauté âpre, où la mer s'énerve à briser ses lames sur des rochers impitoyables.

Mais quittons Tahiti pour les Iles Marquises.

L'aubade des Maoris, au son du « ukulele » et des guitares, s'éteint maintenant dans l'espace où embaument à peine les derniers jasmins et mimosas de la côte...

* * *

LES ILES MARQUISES

Les indigènes (Canaques) des Iles Marquises ne semblent pas écrasés par le beau décor où sauvagement ils hantent, si l'on en juge du moins par leurs cases anciennes qui méritent d'être décrites.

Ces cases étaient bâties en charpente sur une esplanade ou terrasse de pierres brutes et non assemblées au ciment. Des feuilles de palmier recouvraient un toit touchant presque le sol par derrière, tandis qu'il se relevait sur le devant, avec quelque grâce, pour former un auvent soutenu par des piliers, à l'entrée unique. Des nattes déterminaient plusieurs pièces à l'intérieur où l'on remisait des provisions, des souvenirs de famille et un cercueil terriblement préventif ; sans oublier une cuisine.

Voisins de la case, on remarquait encore un autel particulier et un appentis où, prosaïquement grognaient des porcs. Derrière, les champs cultivés verdoyaient, entourés de palissades de bambous liés avec des cordes en bourre de cocos.

On couchait sur une litière d'herbes sèches surélevée, à la tête et aux pieds, par deux bambous.

La place publique des villages, dite *tahoüa*, était pavée de blocs de pierres énormes. Elle servait à réunir la tribu aux jours de fêtes ou de grands conseils. Certaines de ces tahoüa pouvaient recevoir jusqu'à dix mille personnes !

La case, en forme de pyramide, où l'on sacrifiait au culte religieux, reposait également sur des pavés. Des statues parfois ornaient cette case, réservée à l'officiant, qu'un petit mur entourait, mais, le plus souvent, ces *moraï* ou *meae* (temples) comportaient des autels en forme d'auges et quelques cases mortuaires appelées *toupapau*, que des idoles grossièrement sculp-

Cliché G. Allié.

Fig. 178. — Iles Marquises.
Statue en tuf rouge volcanique.

tées, au pied desquelles étaient déposées les offrandes, accompagnaient.

A côté de ces sculptures en bois, sommaires, des statues en tuf rouge volcanique (fig. 178), destinées à agrémenter les terrasses, ainsi que des poteaux de façade, sortaient des mains

Photo Mus. d'Ethr. du Trocadéro.
Fig. 179. — ILES MARQUISES. *Statuettes en bois.*

ingénues d'une catégorie d'artisans architectes, graveurs, etc.,

Fig. 180. — Iles Marquises. *La plage de Puamau*

en même temps que des manches en bois de santal, en ivoire ou en os humains.

Parmi les plus curieuses sculptures, on en cite, par exemple, qui représentaient quatre figures de dieux adossés deux à deux. Mais, l'enthousiasme des anciens voyageurs, après s'être un instant arrêté à quelques statuettes en bois (fig. 179) et aux rochers gravés par les Nouka-Hiviens, en passant par la gravure, encore, de certains ustensiles comme des gourdes et des coupes en cocos, va à des éventails tissés en herbe ou en feuilles de palmier, avec un art prodigieux.

Aussi bien, le tatouage des canaques en question, était composé d'arabesques variées, régulières et si multipliées, a-t-on dit, qu'à quelque distance on pouvait croire à une armure damasquinée...

Ce sentiment décoratif se poursuit, d'ailleurs, dans le hausse-col en coquilles perlières, dans les pendants d'oreille ou dents de cachalot, dans les cas-

Photo Office colonial.
Fig. 181. — ILES MARQUISES. *Idole*.

ques de plumes, etc. dont les hommes aimaient autrefois se parer, tandis que les femmes arboraient — aux jours de fêtes — des colliers de touffes de lianes et de fleurs de jasmins.

La construction des pirogues s'ajoute enfin, à l'expression du goût chez les naturels de ces Iles Marquises, — où vécut le peintre Paul Gauguin, — plutôt bornés à l'agriculture et paresseux, mais dont les sens pourtant ne sauraient être tout à fait terre à terre dans une contrée tellement enveloppée d'arbres, de plantes et de fleurs, que le sol ne se montre nulle part !

Notons que l'on trouve encore, aux Iles Marquises, des temples, des places de fêtes, des fortifications, etc., du passé, mais l'indigène actuel habite des maisons construites en planches de sapin coiffées de tôle ondulée du type « colonial », toujours, fort indifférentes à l'esthétique.

* * *

LA NOUVELLE-CALÉDONIE

Notre curiosité artistique à l'égard du style « canaque », s'accentuera ici. Nous avons adopté ce nom de *canaque* à l'exemple du plus grand nombre des auteurs, malgré qu'il signifie simplement « homme » et personnifie, à l'européenne, autant les Néo-Calédoniens, les Marquisiens, etc., que les indigènes du groupe polynésien.

Le goût du Canaque, en matière de couleur et de décoration, se manifeste tout d'abord dans la peinture corporelle et le tatouage. Des pétroglyphes aux gravures sur bambous s'étendent ensuite les expressions graphiques qui nous intéressent, et, sans insister sur le modelage déformateur de la face des nouveaux-nés, souvent pratiquée par les Néo-Calédoniens, nous serons aussi captivés par la sculpture de ce peuple fort imaginatif.

Quant à l'architecture indigène, elle s'avère non moins attrayante d'originalité. De la forme elle-même de la hutte (fig. 182) recouverte de feuillages, cependant, rien à dire de spécial malgré que sa disposition en pain de sucre soit assez imprévue, ainsi que son épanouissement en rotonde, mais son importante flèche faîtière, si curieusement sculptée, accuse sa personnalité, avec les *talès*, grosses pièces de bois décorées qui flanquent l'entrée de la hutte, tandis qu'une autre pièce de bois, aussi décorée, en surélève légèrement le seuil et qu'un linteau (dans

Document Office colonial.
Fig. 182. — Nouvelle-Calédonie. *Une hutte indigène.*

les demeures importantes), non moins ornementé, couronne la porte.

Indépendamment de l'habitation servant de refuge pour la

nuit et parfaitement close, il en existait une autre, sorte de hangar plutôt, ouverte d'un côté, pour se réunir le jour.

On a relevé aussi, dans des huttes disparues, des plafonds horizontaux dont les madriers étaient sculptés à l'une de leurs extrémités. Des lambris, non moins sculptés, ornaient l'intérieur, tandis que des poteaux sculptés encore, représentant quelque tête barbue, devançaient l'entrée de la hutte.

La flèche faîtière, soit purement décorative, soit représentation naïve d'un personnage, s'élève très haut sur la cime extérieure de la hutte (fig. 182). Elle rentre dans la dénomination générale de *tabou* donnée à la sculpture canaque, et, tour à tour idole ou indice d'un grand chef, à moins que fétiche, elle déborde de diversité et de fantaisie.

Néanmoins, la sculpture canaque, malgré son esprit décoratif, n'atteint point à la sensibilité expressive de la sculpture des noirs de l'Afrique. Ni ses grandes statues de bois ancestrales, ni ses masques (de guerre, de danse [fig. 183]), singulièrement accompagnés de barbes en corde ou en feuillages, ne témoignent d'une recherche plastique naturelle.

Fig. 183.
NOUVELLE-CALÉDONIE.
Masque de danse.

Ils ont surtout du caractère mais ils ne sauraient, en somme,

Document Office colonial.
Fig. 184. — Nouvelle-Calédonie. *Un banian.*

nous séduire au delà de leur « amusement » caricatural, alors que certaines de leurs « poupées » et statuettes nous sourient.

En revanche se détache, entre les *tabou*, la qualité purement décorative des flèches faîtières, d'une silhouette pleine ou à jour, si spirituelle, et nous en dirons autant de la présentation du manche des haches, des casse-têtes à bec d'oiseau, des sagaies, des peignes et autres ustensiles de défense ou de coquetterie.

Là, l'art néo-calédonien (de famille mélanésienne et polynésienne) touche à l'intérêt le plus vif, et cet intérêt se poursuit dans la gravure sur bambous, pour la fécondité surtout d'une imagination puérilement exprimée. Animaux, figures humaines, arbres, bateaux, huttes, figurations géométriques, etc., rappellent nos dessins d'enfants dont ils partagent le naturalisme.

Quant aux tatouages néo-calédoniens — à l'exception des tatouages modernes sacrifiés à la perpétuation d'un nom cher tracé en caractères européens — ils s'apparentent aux pétroglyphes, purement ornementaux. Croix à plusieurs branches et plusieurs fois bordées, cercles, rayons, zig-zags et autres signes que nous retrouverons, avec davantage de variété, dans les rochers et les pierres.

Il est vrai que, plus sommairement encore, les Canaques, en matière d'art, se teindront le corps en bleu, en noir et en brun; leurs lourds colliers en coquillages excusant au reste, par la recherche de quelque goût, cette excentricité.

Et puis, les nattes, les cordes et les paniers exécutés par les Néo-Calédoniens s'efforcent à autant d'agrément que leurs étoffes tissées en écorce d'hibiscus, que leurs pirogues taillées dans des troncs d'arbres et leurs curieux instruments de musique.

Et puis, le bois du tamanou rouge de la forêt canaque offre une séduction réelle à l'ébénisterie, si toutefois la suggestion de la nacre ne s'élève point au-dessus du bouton vulgaire...

Leurs pirogues, la plupart accouplées, portant de mauvaises toiles en nattes et quelques rames à peine dégrossies, enfin, sont bien pittoresques!

La Calédonie, injustement maltraitée sous l'abréviation argotique de la « Nouvelle », terre légendaire des bagnards, est heureusement réhabilitée par M. Pierre Baudin qui l'estime « un pays charmant ». Nous lui emprunterons ces lignes, à propos de

Nouméa : « Nouméa, rien de Saïgon, rien de Dakar, rien de Fort-de-France... A défaut de beauté, du charme et c'est mieux peut-être.

« Des rues, des avenues tracées au cordeau. Des maisonnettes en bois, en tôle, quelques-unes en pierre, alignées le long des artères, blotties au flanc des coteaux, rassemblées autour des baies où viennent mourir les dernières vagues. De la verdure : palmiers, flamboyants aux fleurs rouge vif...

« La campagne : ...Des sommets majestueux, des pics vertigineux, des cols impressionnants, des rochers abrupts, des vallées silencieuses où murmurent des ruisseaux, où coulent des rivières paisibles, des routes qui serpentent, des chemins encaissés, bordés de goyaviers et d'orangers; de vastes plages de sable fin, la plupart désertes..., une floraison magnifique et des bois touffus où chantent des oiseaux rares et aussi des centaines et des centaines d'hectares de forêts épaisses de niaoulis, arbres prolifiques dont l'essence n'est autre que le goménol employé dans nos pharmacies. »

Mais ces arbres ne composeraient que des paysages « d'une allure absolument funéraire » et nous les abandonnons à la thérapeutique plutôt que d'assombrir l'éclat d'une peinture aussi éloquemment victorieuse de la calomnie.

* * *

LES NOUVELLES-HÉBRIDES

La végétation des Nouvelles-Hébrides est d'une puissance telle que, dit-on, sauf exceptions, ses îles (reposant sur un large plateau volcanique enrobé, dans ses parties les plus basses, de même que l'archipel de Tahiti, par des terrains coralliens), aperçues du large, semblent disparaître sous la verdure.

L'appellation de « canaques » confond aussi les races indigènes de cette population dont quelques-unes pratiquent encore l'anthropophagie. Point donc ne nous étendrons-nous sur cette

268　　LES STYLES COLONIAUX DE LA FRANCE

Document Office colonial.
Fig. 185. — Nouvelles-Hébrides. *Féliche canaque.*

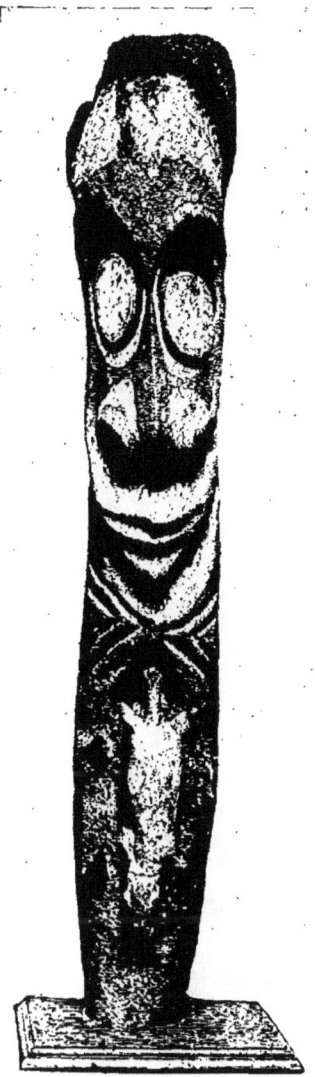

Fig. 186.
Nouvelles-Hébrides.
Idole en racine de fougère arborescente.

Fig. 187.
Nouvelles-Hébrides.
Grand poteau de case, bois sculpté.

auvagerie qui, tout naturellement, ne saurait nous émouvoir
l'art, fusse le moindre !

270   LES STYLES COLONIAUX DE LA FRANCE

La hutte paillée abrite ces canaques (fig. 185) au goût le plus

Fig. 188. — Nouvelles Hébrides. *Une école.*

rudimentaire, si l'on en juge encore par des idoles taillées dans la racine d'une fougère arborescente (fig. 186).

Huttes canaques dont nous noterons cependant les curieux

parois et toits en fibre et chaume, largement interrompus par des percées pour la ventilation, sans doute, qui donnent à leur silhouette un aspect singulier.

Maisons de colons, généralement construites en bois et sans étage, à vastes vérandas, disposées à l'ombre de bouquets d'arbres. Maisons européennes encore, reposant sur une maçonnerie à quelque distance du sol pour l'aération, mais dont la construction en bois, surplombant la maçonnerie, s'explique par l'appréhension des tremblements de terre.

Au résumé, les palmeraies de cocotiers, les champs de maïs et autres cultures tropicales, confèrent à ces îles un intérêt qui réconforte encore la beauté.

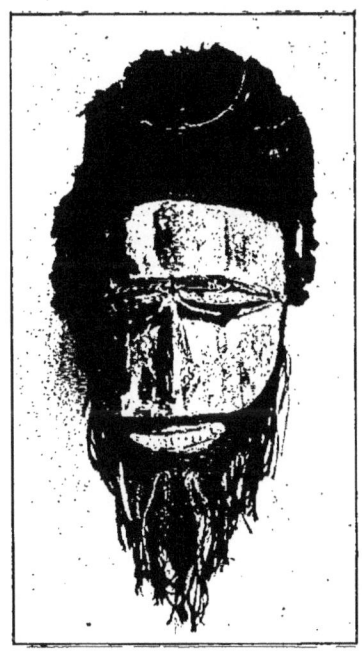

Fig. 189.
Nouvelles Hébrides.
Masque.

CHAPITRE IX

L'ART AMÉRICAIN :
Guadeloupe et Martinique, Guyane, etc.

Nous dirons un mot, préalablement, de l'art précolombien, malgré qu'il concerne plutôt le Mexique et le Yucatan représentés par les arts nahuas et aztèque, familles voisines, que les colonies françaises.

La migration des différents peuples américains avant la découverte du Nouveau Monde et an premier siècle de sa conquête par les Européens, représente le passé artistique de l'Amérique avant Christophe Colomb.

Cet art précolombien qui, dans notre Afrique et dans notre Océanie, laissa des traces curieuses, fond en somme, dans l'art « nègre », ses vertus de naïveté et de pittoresque. Au reste, l'art caraïbe dont nous allons parler avec les îles antillaises et la Guyane, touche aussi à l'art précolombien, et, d'une manière générale, toutes les expressions noires, qu'elles soient canaques encore, communient dans une ingénuité d'exécution touchante, dans une certaine beauté souvent fort délicate — nous ne voudrions pas dire impossible — à départager.

La mode, ces temps derniers, s'est tournée avec enthousiasme vers l'art précolombien, et, en dépit du cadre de notre travail, nous ne pouvons manquer de célébrer particulièrement les remarquables poteries précolombiennes du Pérou, du Vénézuéla et du Brésil.

En touchant maintenant, aux petites Antilles, nous déclarerons que l'art des caraïbes ou indiens d'Amérique, est pour ainsi dire inexistant comparativement à l'art africain.

On donne le nom de Caraïbes aux belles races indiennes plutôt représentées aujourd'hui dans la zone septentrionale de l'Amérique du Sud et qui peuplaient les petites Antilles à l'arrivée des Européens.

La civilisation des Caraïbes ne dépassant guère celle des âges de la pierre et du bois, nous dispensera d'insister sur leur ingéniosité esthétique... On doit cependant à cette race, l'invention du hamac, tellement symbolique de leur fainéantise !

* * *

LA GUADELOUPE, LA MARTINIQUE, LA GUYANE, etc.

La Guadeloupe et la Martinique communient dans la radieuse beauté de leurs sites. L'art s'incline encore, en ces édens, devant l'abondance naturelle; la fortune d'un sol délicieusement parfumé ajoutant aux satisfactions matérielles sa béatitude.

Les farouches Peaux-Rouges, les Caraïbes (fig. 190 et 191) prédécesseurs, venus du continent américain, avaient contraint les deux sœurs antillaises à faire appel à la traite des noirs, et, sur cette palette de couleurs éclaircie par l'appoint des blancs, naquit la douceur de la race créole.

Si l'on ajoute à l'harmonie humaine celle du paysage, on ne peut guère départager les deux pays, au sens coloriste du mot. Il est non moins loisible d'accorder la qualité d'artiste à une double manifestation du rêve avec la réalité, malgré que cet accord s'en tienne à l'inspiration d'autrui.

Car les Antilles, gorgées du miracle de leurs panoramas aux

L'ART AMÉRICAIN : GUADELOUPE

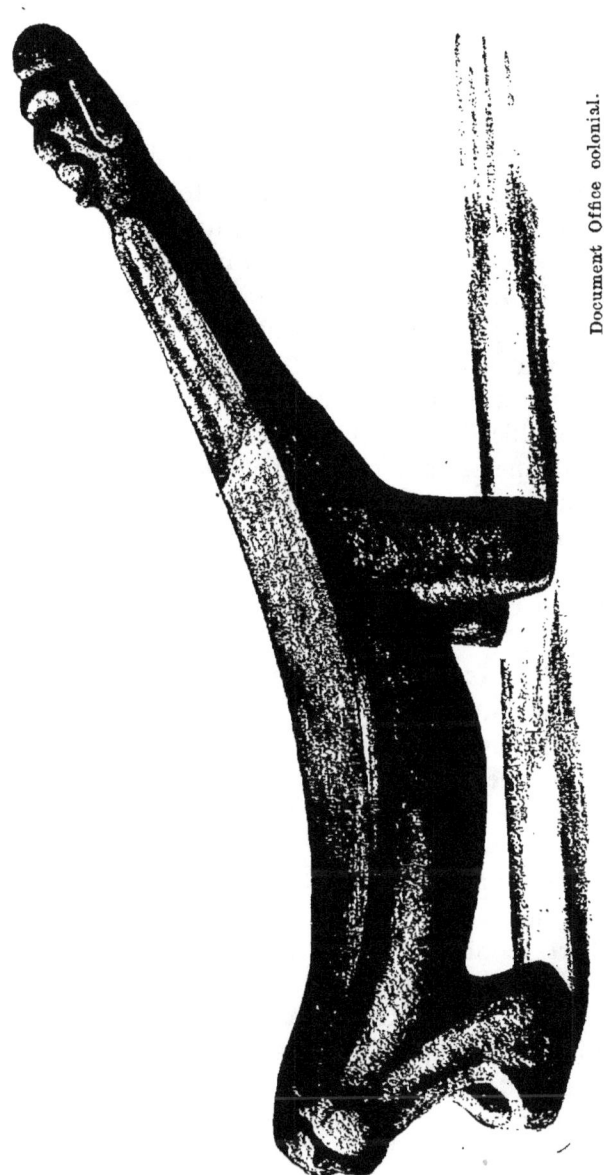

Fig. 190. — GUADELOUPE. *Idole caraïbe ancienne.*

Document Office colonial.

massifs montagneux, aux océans de verdure enchanteurs, ne vont point jusqu'à créer.

Ecoutons plutôt, à ce sujet, M. Jean-Louis : « Les noirs des Antilles ont complètement perdu le souvenir des industries de leurs aïeux africains. Alors qu'on trouve en Afrique, des noirs, hommes et femmes, capables de fabriquer tous les outils et tous les objets nécessaires à leur civilisation, depuis leurs vêtements jusqu'à leurs armes de guerre, en passant par les bijoux d'or, d'argent ou d'ivoire, d'une facture incomparable et d'un art original, inimitable, les noirs des Antilles ne sont que de simples imitateurs de l'art européen.

« On chercherait vainement aux Antilles une femme noire ou blanche capable de fabriquer une étoffe en coton, en laine ou en soie, comme le font couramment les Africaines à l'aide d'un simple métier de leur invention. Il est inutile de parler des colliers, des bagues, des bracelets que fabriquent les orfèvres africains, et que les habiles ouvriers d'Europe n'ont pu imiter. Sur ce point, la race créole est tout à fait inférieure à la race africaine... »

Néanmoins, tout en goûtant l'intérêt du parallèle judicieusement établi par l'auteur (dans le *Monde colonial illustré*), où l'esthétique africaine triomphe de l'indolence créole, ne pourrait-on point, dans quelque mesure, excuser les Antilles, au nom déjà des plantes du jardin africain qu'elles surent presque unanimement apprivoiser ? Si l'art est l'homme ajouté à la nature, la nature ajoutée par l'homme ne s'apparente-t-elle point à l'art ?

Cette thèse ne se justifierait-elle point vis-à-vis de nombre d'œuvres d'art monumental, oiseuses dans tant de paysages admirables ou tout au moins parasitaires ?

La Réunion, Tahiti, la Guadeloupe, la Martinique, tous les climats fertiles des tropiques où embaument les plus belles fleurs, où le soleil dore les plus beaux fruits, se réclament davantage du pittoresque que du monumental. Ils se « meublent » d'eux-mêmes.

C'est en effet, frappant à la Guadeloupe — pour nous arrêter premièrement aux délices de cette île — dont les mornes s'offen-

L'ART AMÉRICAIN : GUADELOUPE 277

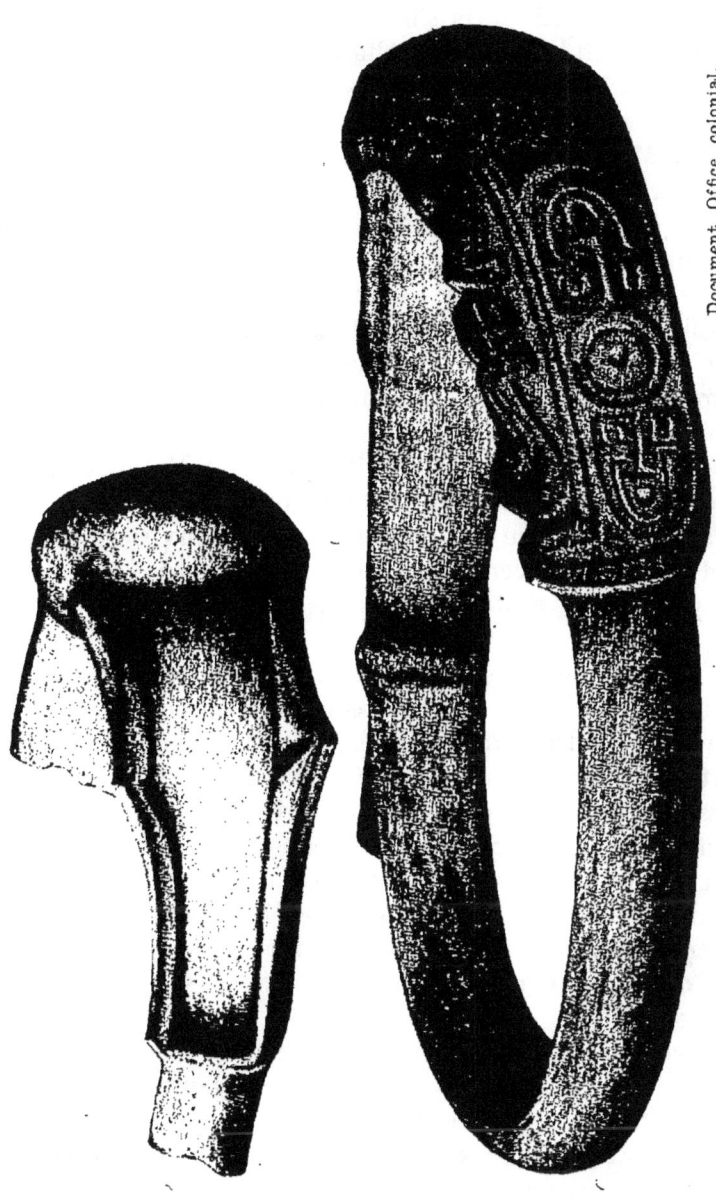

Fig. 191. — GUADELOUPE. *Collier, bracelet caraïbes anciens.*

Document Office colonial.

seraient de tant de forts s'ils n'étaient aujourd'hui des ruines.

Ici réapparaît l'homme (malfaisant cette fois) ajouté à la nature. C'est à cause des attaques incessantes des Anglais, que des canons troublaient naguère la majesté des mornes guadeloupéens. Mais l'art veillait, qui ennoblit le souvenir de pierres autrefois glorieuses, en les distribuant moins à la curiosité des archéologues qu'il ne les vouait au beau désordre, sur la cime des sommets vaporeux.

Ainsi le fort Richepanse, situé aux portes de Basse-Terre, construit au début de la colonisation sur les bords abrupts de la rive droite du Galion, étend noblement dans l'ouest, jusqu'à la mer dont il surplombe les falaises, sa silhouette démantelée, son héroïque pittoresque.

Précédemment fort Saint-Charles, puis fort Mathilde sous le second Empire, ce bâtiment militaire construit de 1845 à 1867, vaut surtout par l'auréole que lui fit le glorieux siège soutenu durant trente jours contre les Anglais. Autre bénéfice... que la piété patriotique confère à l'art, déposant encore des palmes sur le tombeau du général Richepanse et sur le mausolée (élevé en 1843) où reposent les cendres d'un autre célèbre défenseur de la Guadeloupe : le contre-amiral Gourbeyre, sans s'inquiéter d'une valeur architecturale. Dans l'archipel des Saintes, le fort Napoléon, imposant monument de pierre aujourd'hui déclassé, ne maintient pas moins l'intérêt de son ornement à la couronne d'un morne, grâce à la victoire qu'il perpétue. A moins que la nature, dans un double caprice, n'ait tenu à exalter un souvenir de gloire au mieux de ses sites. La nature si jalouse de ses prérogatives, qu'elle avantage le souvenir ou la beauté avec autant de générosité qu'elle dissimule la laideur sous ses rameaux fleuris!

Sans compter que la nature, dans l'île d'Emeraude, parfois aussi s'amuse à disputer à l'homme, gigantesquement, sa statuaire! C'est ainsi que la Pointe des Châteaux, près du bourg de Saint-François, aux environs de Pointe-à-Pitre, excite la curiosité par ses énormes rochers aux formes étranges. C'est ainsi que tant de bords de rades, notamment, déchiquetés et

L'ART AMÉRICAIN : GUADELOUPE

Fig. 192. — GUADELOUPE. *Le hameau du Bananier.*

mamelonnés de la Guadeloupe, signifient autant de visages que d'âmes.

Dignes émules plastiques du rocher fantastique d'Ifandana (dont nous parlâmes à Madagascar) et de ceux, aux formes non moins hallucinantes, de Feitroun, au Liban.

Le volcan de la Soufrière, les Sauts de Bouillante, le morne de la Madeleine, autant d'altiers monuments naturels, comme les oiseaux-mouches, les cicis, les colibris, oscillant au faîte du bois de rose, du courbaril, sont de la peinture vivante.

A côté de la guerre, dont la mémoire sanglante s'efforce de s'effacer dans la grandeur des ruines, le progrès, dans la paix, commet d'autres méfaits. Hélas ! la tour du Père Labat, près de Basse-Terre, où ce missionnaire soutint un véritable siège, ne s'évente plus au tournoiement de ses anciens moulins à fabriquer le sucre ! Des usines maintenant remplacent ces moulins dont, à l'île de Marie-Galante encore, nous n'apercevrons plus que les fantômes. Mais aussi combien ils se vengent artistement parmi les collines boisées, d'avoir été détrônés !

Et, tandis qu'en un éblouissant dessin de cristal, une cascade jaillit des rochers qu'elle anime (fig. 193), d'immenses pierres revivent le passé précolombien, de toute l'éloquence des gravures qu'elles représentent.

N'a-t-on point découvert à la Guadeloupe, en 1905, dans des terrains calcaires, des squelettes fossilisés de Caraïbes ? Ainsi l'ancienne *Karukéra* gardait-elle la surprise à l'archéologie, de ses premiers habitants, en jonchant artistement son sol.

Aussi bien, les ravissantes promenades de Basse-Terre, l'une du cours Nolivos et celle du Champ d'Arbaud, primitivement le Champ-de-Mars, tout ourlée de palmiers, chantent des frondaisons datant pour la première, du milieu du XVIIIe siècle, et des premières années du XIXe, pour la seconde. La nature toujours et encore, malgré l'intérêt de la cathédrale de la même ville, bâtie en 1727 par les Franciscains, l'emporte sur le génie des hommes.

Même observation relative à la jolie église, construite en 1829, et à l'hospice spécial pour les lépreux de la Désirade (fondé en

Fig. 193. — GUADELOUPE. *Cascade en forêt.*

1728), à l'architecture humaine desquels les cinq cents cases du bourg voisin semblent faire la nique dans leur paysage vainqueur.

Le pittoresque d'ailleurs, fruit du provisoire, continue à l'emporter au pays du rêve où les cyclones et les convulsions sis-

Fig. 194. — GUADELOUPE. *La rue Vatable, à Pointe-à-Pitre.*

miques ne sont somme toute qu'une fièvre passagère, témoin entre autres, les rues belles et gracieuses de Pointe-à-Pitre (fig. 194), bordées de coquettes maisons moitié en bois, moitié en maçonnerie, que de grands murs latéraux isolent en cas de péril.

Témoin encore, aux alentours de la ville, « ces petits chaumes de cases gauchement faites, simulant les constructions imparfaites des jeux d'enfants, tout emmaillotées de fleurs grimpantes qui par la porte entraient pour sortir par la fenêtre, évoquant des reflets de chimère et de féerie », dont M. L. Talboom a remporté une rustique impression de rêve « à travers les arbres

L'ART AMÉRICAIN : GUADELOUPE

Fig. 195. GUADELOUPE. *Plage de Deshaies.*

qui semblaient les protéger de leurs ombres contre le soleil ».

Goûtez encore, dans le domaine de l'art naturel, la chanson créole — pliée au rythme africain — qui nous parvient sur la brise de la mer. Observez sa douceur purement créole, du fait qu'elle anéantit, dans notre langue, la dureté de l'r. Voyez combien durant la danse, au pays créole, la cadence et les pas ondulent avec la même aisance que ses « sabliers » sous un vent léger.

Enfin, à côté des bois d'ébénisterie de toute beauté, que les forêts de la Guadeloupe (et de la Martinique) dispensent largement à notre industrie d'art, — bois d'Inde, acajous, mahogonis — à côté des parfums que ses fleurs distillent avantageusement pour le charme féminin, « concourant par leurs effluves doucereuses à une ivresse lente », les arbres de ce pays merveilleux, indépendamment du bananier, de l'oranger, du manguier, du grenadier, du goyavier, etc., offrent symboliquement à cueillir le fruit du pommier de Cythère.

« ... Où retrouver ailleurs qu'en la Guadeloupe cette splendide éternelle émeraude auprès de laquelle toutes les autres verdures noircissent et toutes les autres flores sont comme desséchées ? Une végétation innombrable et harmonieuse y balance en toute saison, de la mer aux sommets, les nuances infinies d'une frondaison où ruissellent à plaisir et comme sans effort toutes sortes d'essences parfumées et juteuses pour enivrer ces climats qui ne connaissent ni le froid ni la faim... »

Et, après avoir constaté aussi que rien à la Guadeloupe ne vient rompre la douceur de sa faune ni de sa flore, l'éminent ambassadeur de France et sénateur de ce paradis, M. Henry Bérenger, poursuit dans l'enthousiasme : « Seules, les tourterelles, les palombes, l'éclatant colibri, l'éblouissante libellule, enchantent de leur vol la symphonie qui va du manguier et du flamboyant au pommier rose et au corossolier. Et cette symphonie descend parmi les cascades des torrents, sous la tiédeur perpétuelle des jours et des nuits, jusqu'aux mers poissonneuses et phosphorescentes de l'archipel guadeloupéen aux mille couleurs... ».

Avec la Martinique, le charme continue.

Fig. 196. — MARTINIQUE. *Le bourg de Case Pilote.*

Sœurs inséparables, autant dans la beauté surnaturelle de leur sol que dans l'appréhension de ses sautes d'humeur.

Même nature opulente vouée à l'éternel printemps. Semblable indifférence à l'égard de l'art qu'un décor paradisiaque se contente d'inspirer.

Pareillement l'architecture japonaise, soumise comme nos îles Antillaises aux convulsions volcaniques du sol (hélas! la ville de Saint-Pierre renaît seulement sur ses cendres!), s'est réfugiée pratiquement dans la construction légère, tenant pour ainsi dire son style de son émoi. La multiplicité des cases, des sortes de chalets suissés, des frêles villas et « bungalows » émergeant, en richesse compensatrice, des fleurs et des verdures miraculeuses, à la Guadeloupe, à la Martinique, n'a point d'autre cause ni d'autre raison de style.

Lorsque l'on essaya d'employer la fonte ou la pierre de taille à Fort-de-France, notamment, les fondations fléchirent, les murs se lézardèrent, faute de rencontrer, à travers une profonde couche de sable, le roc nécessaire aux assises.

Point donc d'architecture monumentale possible aux Antilles. Elles se rattrapent sur un pittoresque appuyé sur la végétation resplendissante, ces maisons à étage unique que coiffent soit des briques, soit de la tôle ondulée.

Et combien ces maisons ont raison d'être largement ajourées et ouvertes pour que le grand air, l'espace et la fraîcheur, célèbrent leur adaptation raisonnable !

Concevrait-on, au pays des illusions, une autre habitation que celle-là, découvrant par de vastes baies un horizon sans bornes, où, des pitons aux mornes, des gorges aux torrents, la nature la plus diverse se donne tout entière !

Quelle architecture humaine serait de force à lutter avec celle, par exemple, de la forêt de Sainte-Lucie : vaste temple au dôme de feuillage soutenu par un nombre infini de colonnes qui sont des branches et des lianes ?

Bâties de planches, palissadées de roseaux, recouvertes de feuilles de canne ou de palmier, voici d'autre part, des cases parfaitement commandées par la grâce des fougères arbores-

L'ART AMÉRICAIN : MARTINIQUE

Fig. 197. — MARTINIQUE. *La rivière Levassor.*

centes aux larges parasols frangés, par l'épanouissement vigoureux des balisiers aux feuilles luisantes, par le sourire des frangipaniers roses. Nulle autre demeure ne conviendrait mieux à ces bouquets de feuillages de toutes sortes, à ces campêches aux chatons odorants, à ces cannes à sucre fleuries, à l'éclat riant des roses, enfin, accusant avec celui des bégonias, la verdure mate des bananiers, la tristesse des palétuviers.

En vérité, la fontaine monumentale de Gueydon, construite en 1856, domine Fort-de-France sans émouvoir son paysage et ne nous séduit guère au delà du souvenir de l'amiral qui eut l'idée bienfaisante de ce château d'eau. Nous en dirions presque autant de la statue de l'impératrice Joséphine, si cette effigie ne perpétuait la mémoire de l'auguste épouse de Napoléon Ier dans son pays d'origine et à qui le « petit caporal » vouait une prédilection spéciale. D'ailleurs, on aime à s'arrêter devant le bas-relief en bronze qui orne le socle de cette statue et évoque le sacre.

Un vestige attendrissant encore : « le vieux moulin », dont les ruines flanquent, à droite, la demeure particulière actuelle du gouverneur de la Martinique !

En revanche, quelle singulière idée que de planter, en plein milieu de l'émerveillement, une copie du Sacré-Cœur de Montmartre ! Le Montmartre martiniquais amorcé par une église monumentale de style romano-byzantin !

Cependant, la contemplation naturelle poursuit sa fascination impassible (fig. 196 à 198). A travers des lianes délicieuses de *mimosa scandens*, les fraîches allées de manguiers, les bosquets élancés de bambous gardent leur sérénité, et, la nuit, dans l'accord des parfums que cette terre exhale, on voit danser des lucioles...

Le jardin public de Saint-Pierre donne l'enchantement de la forêt vierge, tandis que la mer offre son incomparable collier de vagues à la baie de Fort-de-France (1). Le farouche mont Pelé

(1) Fort-de-France, demeuré fidèle au plan rectiligne de sa création sous le nom de Fort-Royal, dont la parfaite symétrie, a-t-on si bien dit, avec « les proportions limitées et nobles, rappellent la tournure d'esprit, la mesure du XVIIe et du XVIIIe siècle ».

Fig. 198. — MARTINIQUE. *Le bourg de Schoelcher, ou « Case Navire ».*

grondant parfois, enfin, comme pour rappeler à la nature l'impôt qu'elle doit à la Beauté, comme pour punir un pays réellement merveilleux de vouloir rivaliser avec le rêve.

« Aujourd'hui, écrit Mme Henriette Célarié, les Martiniquais possèdent leur auto, envoient leurs fils et leurs filles faire leur éducation en France, se font construire, au-dessus de Fort-de-France, au plateau Didier, sur les hauteurs de Bellevue, de confortables villas. Il y a quinze ans, le plateau Didier n'était que broussailles, une seule maison s'y élevait. L'endroit est devenu délicieux. C'est celui que recherche la société élégante. Qui se respecte habite le plateau. En ville, on étouffe, on est comme dans une étuve. A Didier, l'air est léger. De douces pelouses s'étendent, les allées dessinent leurs courbes, les fleurs s'épanouissent violemment, les massifs, les haies forment des blocs vert et or, vert et pourpre. Sous l'ombre des vérandas, dans les berceuses, les yeux n'ont pas à chercher où se poser. La mer les attire qui s'étend à l'horizon comme une soie aux reflets changeants... »

Aujourd'hui, l'ancienne terre des Indiens caraïbes suit le progrès, et, malgré que sa population créole tende à se mettre au goût de la Métropole, l'écho du verger où la barbadine, l'ananas, la goyave, la pomme acajou, la pomme rose, mûrissent, répète invariablement la chanson de jadis dans la nature resplendissante.

* * *

LA GUYANE FRANÇAISE

Les indigènes qui, dans le passé, peuplaient nos colonies françaises des Antilles, ainsi que nous l'avons précédemment indiqué, appartenaient à la race caraïbe. On dit encore la mer des Antilles ou des *Caraïbes*. Un « carbet » (cabane) formé de quelques piquets fichés en terre et d'un toit de feuillage, un hamac

Cliché Louis Dufour.
Fig. 199. — GUYANE. *La forêt.*

tissé avec le coton de la savane voisine, quelques vases de terre façonnés à la main et cuits au soleil, un arc et des flèches, enfin, comblaient les seuls désirs des Indiens autrefois établis dans le vaste archipel situé entre les deux Amériques.

On vante l'adresse et l'intelligence des Caraïbes dont les armes étaient bien confectionnées, dont le hamac, d'un tissu léger et bariolé, témoignait, ainsi que son pagne, de patience et de goût, non moins que sa poterie et ses paniers. A l'exemple de l'Arabe nomade qui transporte sa tente dans d'autres sables, ces Indiens d'Amérique abandonnaient leur « carbet » pour aller plus loin en construire un nouveau...

Imaginez, au surplus, des embarcations pittoresques, des armes et des outils de pierre analogues aux instruments encore en usage chez les sauvages du continent, passez à leur cou un chapelet formé de dents animales, et, lorsque vous aurez contemplé leur tatouage — imitation grossière de la robe du léopard ou du serpent, qui prétendait les rendre formidables — vous aurez une vue d'ensemble sur cette population caraïbe, peu industrieuse et paresseuse avec délices, presque toujours en marge de notre civilisation, avant de disparaître quasi totalement de nos colonies.

A mesure, dit-on, que nos plantations s'étendaient, en Guyane, par exemple, ces Indiens, dès l'arrivée des blancs qui les avaient refoulés avec l'apport de nombreux Africains, s'éloignaient plus avant dans les forêts (fig. 199) ou dans les savanes impénétrables, et, si ceux du voisinage de Cayenne venaient souvent s'y distraire, ils y voyaient les fruits de l'industrie sans s'en émouvoir.

Aujourd'hui, Galibis, Saramakas, Roucouyennes, Bonis, (Bosh ou nègres des bois), occupent encore, de préférence, les régions de la Guyane les plus inexplorées, comme le Haut-Maroni, où ils ont repris dans l'isolement leurs mœurs primitives.

Ils vivent dans des huttes carrées, à fleur du sol, que des feuilles de palmier couvrent et auxquelles on n'accède que par un étroit orifice bas placé, à moins qu'ils n'affectionnent des huttes construites sur pilotis, au long des rivières.

L'ART AMÉRICAIN : GUYANE FRANÇAISE   293

Ces dernières demeures à unique plate-forme, où l'on monte par une échelle, sont d'ailleurs fort banales, alors qu'en revanche, l'idée des femmes Bonis de décorer leur abdomen avec une rosace incisée dans la chair, s'avère pour le moins originale ! Au surplus, les amulettes qui tintinnabulent au cou et au bras des deux sexes, sont loin, le plus souvent, de légitimer leur coquetterie.

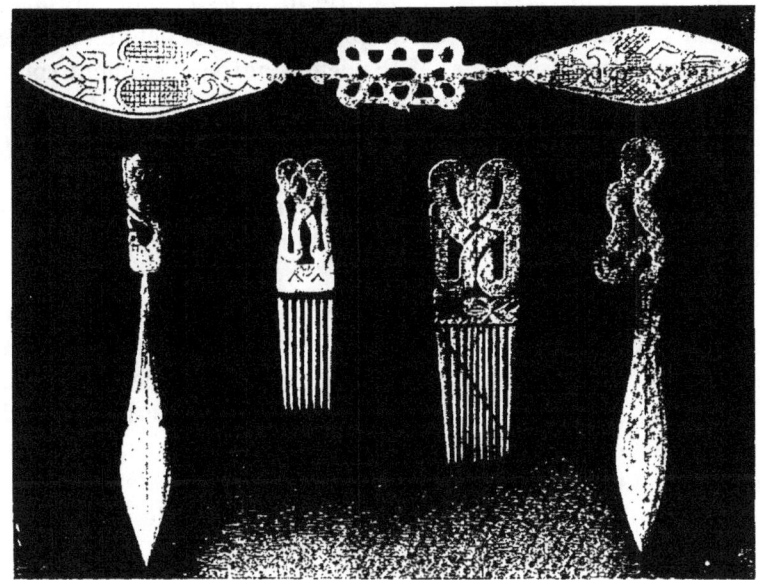

Photo Société Franco Equalle Mre Industrielle.
Fig. 200. — GUYANE. *Ustensiles en bois des Bonis et des Saramakas.*

Les Bonis et les Saramakas sculptent, néanmoins, dans le bois, des ustensiles intéressants de forme et de décor (fig. 200).

Quant à l'architecture des villes de la Guyane, elle n'est que pittoresque avec ses maisons basses aux murs blancs et d'un seul étage. Point de temples ; aucun monument. En dehors d'un genre de cases-abris à noter (fig. 201), le type colonial, en série, sévit.

Force nous est donc d'enregistrer seulement la grâce des paniers d'arouma tressés par les créoles, et leurs précieux bibelots en gomme balata, avec l'attrait des bois satinés (bois des îles) dont les forêts sont prodigues. Aussi bien, les fleuves de la Guyane, des hauteurs d'où ils descendent, accusent des rapides d'une farouche beauté. Ses sables aurifères joignant la note dorée à celle du cristal précédent, tandis que verdoient les plantations de canne à sucre, de cacaoyers, de roucouyers, pour d'autres idéals que celui de l'art.

Après avoir constaté que la Nature, dans les grands paysages américains, utilise partout et toujours le grand fleuve, comme matière première essentielle, M. Eugène Lautier, l'éminent sous-secrétaire d'État des Beaux-Arts et député de la Guyane, compare le spectacle des deux rives aperçues du grand fleuve avec celui qu'offrent nos plus célèbres cours d'eau.

En Europe, ce sont les indices parfois amusants, mais quelquefois mesquins de la vie quotidienne dans les grandes villes ou dans les bourgs :

« C'est presque uniformément une route terrestre qui longe le fleuve et que parcourent des chariots ou des automobiles, des troupeaux revenant du marché, des bœufs, des ânes, des moutons, des hommes. Tandis que sur nos grands fleuves de là-bas, quand on s'avance vers le cœur du pays, vers les secrets de la source lointaine, vers les monts qui recèlent les trésors de l'antique Eldorado, notre rêve n'est troublé par aucun de ces petits tableaux de genre dont l'ensemble constitue le musée commun de nos existences moyennes.

« A gauche comme à droite, c'est le rideau épais des palétuviers dont les racines baignent dans l'eau profonde. Point d'intervalle entre les arbres pour glisser le regard. Point de distractions subalternes. Derrière ce somptueux écran vert, une vie intense s'émeut. Son frémissement ne résulte pas de la quantité des êtres accomplissant le même geste à la même heure, mais de la qualité des forces humaines ou animales qui livrent dans ces lieux trop ignorés le rude combat de la vie. »

Quelle exaltation pour quiconque sait voir et sentir! ajoute M. E. Lautier, dont la conclusion laisse percer l'amertume et le ressentiment contre l'inertie ou l'ignorance qui ont étendu

L'ART AMÉRICAIN : GUYANE FRANCAISE

Fig. 201. — GUYANE. *Type de case-abri, à Montioli.*

Cliché Louis Dufour.

un voile épais, un manteau de plomb, sur cette belle colonie :
« On connaît, par des documents certains, la richesse inépuisable de ces contrées où réussissent toutes les cultures, où dorment tous les trésors, puisque d'antiques gaspillages n'ont pas pu les tarir. Mais elles sont à présent entourées comme d'un mystère... »

Cliché Louis Dufour

Fig. 202. — GUYANE. *Un fromager.*

Au résumé, nos vieilles colonies, dérivées des civilisations indigènes des régions équatoriales, ne se sont point révélées originales en matière d'art. En revanche, la littérature leur doit de s'être largement enrichie.

* * *

Si les petites Iles Saint-Pierre et Miquelon s'ajoutent enfin, aux colonies françaises d'Amérique, sans davantage témoigner d'art — au sens humain du mot — que nos radieuses Antilles, elles échappent, hélas! de par leur sol ingrat, à la beauté naturelle précéemmdent célébrée.

En admettant que le schiste ardoisé, rouge, violet, vert de

Photo Office colonial.
Fig. 203. — Saint-Pierre et Miquelon. *Un village de pêcheurs.*

la Petite Miquelon, nous séduise au passage, et que les aurores boréales offrent fréquemment de magnifiques spectacles dans ces îles baignées par des courants polaires, nous les abandonnerons aux ressources compensatrices de la pêche, en dehors de notre travail.

Pourtant, les robustes doris et les élégantes goélettes saint-pierroises (fig. 203) évoquent de délectables souvenirs esthétiques...

Nous bornerons là, d'ailleurs, notre rapide voyage dans l'autre France dont nous nous excuserons d'avoir brûlé des stations d'extase. Mais notre exclusive contemplation artistique se dut de n'envisager que des grands horizons, en abandonnant, d'autre part, avec un soupir, des terres où flotta jadis notre drapeau. Saint-Domingue, notamment, aujourd'hui Haïti, dont des ruines vénérables attestent notre féconde activité de colonisateurs aux XVIIe et XVIIIe siècles.

Et Maurice, autrefois Ile de France !

Pour nous consoler, écoutons G. Clémenceau questionner par boutade : « Qu'est-ce que l'Angleterre ? Une colonie française qui a mal tourné ! »

CHAPITRE X

L'ART INDIGÈNE
AUX COLONIES FRANÇAISES

Nous avons eu déjà l'occasion d'esquisser les efforts persévérants tentés par la France aux colonies pour y développer les arts dans le sens de leur tradition ancestrale. Nous y revenons. Car si l'enseignement artistique de la Métropole doit s'attacher à remonter aux sources mêmes de l'originalité indigène pour la ranimer et la développer, il importe aussi que l'artisanat soit conduit à évoluer sans abdiquer quoi que ce soit de sa personnalité, ni de sa vitalité, ni de sa valeur.

Au moyen âge, en France, les corporations de métiers veillaient au respect de la main-d'œuvre dont elles surveillaient la qualité. Autrefois, au Maroc, le « mohtasseb » ou prévôt des marchands, était le chef tout puissant des corporations artisanes, chaque corporation ayant à sa tête un « amin ». Le « mohtasseb » fixait le prix, surveillait la qualité du travail. Un tapis, par exemple, qui venait d'être tissé, n'était vendu à la criée qu'après avoir reçu l'agrément du « mohtasseb », lequel n'hésitait point à lacérer ce tapis s'il n'avait point, à ses yeux, la valeur de beauté requise.

A l'arrivée des Européens, dès l'occupation française, l'influence capitale du « mohtasseb » déclina, et l'on trouva bientôt plus simple de traiter avec les pachas ! C'était la décadence contre laquelle nous verrons plus loin efficacement réagir l'*Office des arts indigènes* créé au Maroc, en 1916, par le maréchal Lyautey.

En fait, l'art ne progresse point; il se transforme, autant sous l'action de la mode que sous l'empire des mœurs nouvelles, la machine aidant qui multiplie l'œuvre, économiquement. Faut-il donc offrir à l'indigène des modèles européens qu'il assimilera plus ou moins bien, ou le laisser maître de son inspiration vis-à-vis de la nature de son sol dont on lui exaltera les beautés?

Cette dernière solution apparaît la meilleure parce qu'elle n'impose ni dogme ni procédé et qu'elle ne risque point d'altérer la vision primitive d'une race. Malheureusement, le contact du dehors influe fatalement sur l'essor intime de l'indigène avide de cette « civilisation » que nous lui apportons, au lieu de lui démontrer la valeur de sa propre individualité sur son sol vivifié.

Un peintre japonais jouit actuellement à Paris d'une grande vogue. Il la doit à l'originalité de la manière japonaise adaptée à notre goût moderne, mais en somme cette originalité apparaît monstrueuse aux Japonais! Certes, en matière d'art pictural, le Japon demeure figé dans le style magistral des Outamaro, des Hokousaï, mais c'est là son éloquence décorative, sa caractéristique, et le peintre japonais en question a cessé d'être de son pays. De par son hybridité il échappe à toute école...

Au reste, peut-on et pourra-t-on développer, varier un art, sans lui enlever cette fleur, ce parfum de naïveté auxquels il doit précisément son originalité?

Nous avons récemment eu à déplorer l'habileté avec laquelle des Malgaches avaient interprété en marqueterie des modèles (?) parisiens — des cygnes sur un lac! entre autres — alors que des modèles inspirés soigneusement de la flore, de la faune et du paysage malgache, malgré leur tour français, conserveraient au moins, de par leur sujet (fig. 108), le caractère de notre Grande Ile. C'est là, sans doute, le maximum de notre direction artistique chez un peuple qui, nous l'avons vu, ne dispose d'aucune tradition originale mais dont l'ingéniosité et l'intelligence sont sinon propres à créer de l'inédit, du moins susceptibles de faire illusion d'originalité en ne représentant que des images empruntées à son sol.

Après avoir — préventivement — critiqué l'action fâcheuse de boursiers français qui iraient à Madagascar (par exemple) « initier des élèves à leurs propres façons de travailler (1), par conséquent aussi de sentir et de s'émouvoir », M. Pierre Heidmann, directeur des *Ateliers d'art appliqué malgache* (2), en arrive à envisager le problème de son enseignement :

« Le remède? — Il n'y en a qu'un pour ici. C'est le combat avec la matière qui façonne l'homme sous toutes les latitudes, modèle sa sensibilité, éduque sa volonté par l'effort qu'elle exige de lui, le contraint au style et à l'imagination par la nécessité d'en faire quelque chose, en la transformant.

« C'est la matière et l'esprit confondant leurs exigences qui ont créé l'arcade romane, l'ogive médiévale.

« L'artisanat d'art, qui provoque cette synthèse, qui entre profondément dans la vie, en créant des choses utiles, en satisfaisant d'autre part au besoin essentiellement humain de rehausser le cadre même de l'existence, c'est la solution possible pour Madagascar.

« Utiliser les matières premières spéciales au pays, donner aux objets créés, en plus de cet attrait, une originalité de décors par l'adaptation à leur esprit, où l'ingéniosité de l'imagination devient une nécessité pour l'apprenti indigène, le conduisant à puiser librement dans ses impressions plastiques personnelles et l'amenant au style par la synthèse forcée, voilà ce qui peut être tenté raisonnablement. »

D'autre part, en toute sincérité, doit-on s'opposer au perfectionnement du métier primitif des Hovas sur lequel ils tissaient autrefois, avec la soie cardée d'un ver à soie indigène, leurs belles étoffes, suaires et vêtements de cérémonie, sous prétexte de conserver leur caractère?

En toute conscience, ce n'est pas parce que les beaux tissus de soie marocains, rénovés du passé, sont exécutés, aujourd'hui,

---

(1) Le modèle en plâtre sévissant à Madagascar, Brutus ou la Vénus de Milo ! L'étude académique !
(2) Ces ateliers ont été fondés en 1929 par M. Marcel Olivier, alors gouverneur général de Madagascar et actuellement délégué général près du haut commissaire de *l'Exposition coloniale internationale de Paris* (1931).

sur des métiers supérieurs à ceux qui étaient en usage à Lyon avant l'invention de Jacquard, qu'ils ont perdu leur qualité traditionnelle, et sans doute ne doit-on qu'à demi frémir devant l'invasion de la machine à coudre.

La statistique nous apprend cependant, qu'en 1926, 5.200 **machines de ce genre** avaient été introduites en Afrique occidentale française, **et nous formons** simplement des vœux pour que les points de couture pittoresques **ne** soient pas gâtés par la régularité monotone.

Bref, faute de pouvoir remonter à la source d'**un art natal** — nous revenons à Madagascar — tout en conservant la technique du passé, on destinera encore à ces tissus des décors puisés dans les lignes et la couleur du pays malgache. Déjà la matière locale compte dans l'originalité de la réalisation. C'est le cas des fibres du palmier composant les fines « rabanes » malgaches ou celui des roseaux du lac Aloatra inspirant des nattes extrêmement délicates, cela sera le fait d'une ébénisterie relevant essentiellement des bois de la forêt malgache.

Cette forêt malgache d'où dérive, par exemple, ce bois joliment zébré avec lequel les indigènes de la région d'Andilaména exécutent des statuettes de bœufs et de chiens montées généralement sur des pagaies décoratives.

La virginité malgache, au point de vue art original, n'est pas moins difficile à orienter que l'inspiration stagnante de l'Indochinois à stimuler !

Et ce n'est pas attenter à sa verve innée — mais dogmatiquement invariable — que d'apprendre à l'Annamite à transférer son étonnante habileté de sculpteur, de la déchiqueture exagérée à l'emploi rationnel des masses. Quant au choix du modèle renouvelé, l'excellente École des Beaux-Arts d'Hanoï l'a trouvé dans cet Extrême-Orient ensorceleur dont les arbres et les plantes, comme tout le passé d'architecture et de statuaire, offrent des variétés de thèmes infinis.

D'ailleurs, aux pays où l'art décoratif se recommande d'un passé éminent (les Japonais tiennent en partie leur art de la Chine, et les Indochinois à la fois de l'Inde et de la Chine), il n'y aurait qu'avantage à confier des modèles européens, à condition toutefois que ceux-ci s'accordent davantage avec les bases du goût rationnel qu'avec la mode capricieuse et souvent désordonnée, à condition encore que seuls les matériaux du pays soient employés avec les éléments du sol, pour l'inspiration.

Plus malaisée est la tâche de l'École des Beaux-Arts d'Alger, si proche de la France qu'elle en semble le prolongement naturel. La culture des Algériens, au surplus, étant celle de Paris, nous ne voyons guère comment on pourrait ne point maintenir, chez des sculpteurs et des peintres, des traditions devenues communes. En revanche, l'architecture néo-algérienne a beau jeu, et les lois de l'urbanisme s'attachent, sans trop de dommage, à maintenir en Afrique du Nord la physionomie du passé. Aussi bien la part du feu est faite, et, à côté de la ville arabe, autant que possible intacte, la ville européenne se développe sous les yeux du progrès inévitable et nécessaire.

Pareillement au Maroc (et en Indochine), avec cette différence cependant que, la conquête récente ouvrant à notre curiosité un champ de beauté nouvelle, notre civilisation profite de l'expérience du passé dans notre autre colonie africaine et procède avec davantage de respect et de méthode.

C'est la tâche des musées (1) de recueillir les vestiges de l'antiquité pour les préserver autant du vandale que de l'antiquaire. Et, en Algérie comme au Maroc l'art et l'archéologie luttent de goût et de science pour sauver la mémoire et l'éclairer dans la gratitude des générations successives.

En Tunisie, rien n'a encore sérieusement attenté au caractère de la ville indigène, et, franchies les portes qui s'ouvrent dans l'enceinte de la capitale, on aborde nettement le pittoresque oriental. Ici, encore, les pouvoirs publics veillent à conserver la ville vieille, à côté de la symphonie du blanc sur blanc des façades et des murs, des balcons, des balustres et des terrasses de la cité moderne.

(1) Des musées à Hanoï, Pnom-Penh et Tourane, ont été créés et sont dirigés par l'École française d'Extrême-Orient. Ils s'ajoutent à ceux de Tunisie (musées Alaoui, Lavigerie, etc.), d'Algérie et du Maroc.

De telle sorte que le tourisme n'éprouve aucune désillusion, toute part concédée à notre apport européen et aux nécessités de la prospérité.

Pour revenir à notre action sur le développement de l'art aux colonies sans le dénaturer, nous juxtaposerons aux précédents moyens envisagés, la théorie de la pure et simple conservation des décors et techniques du passé, pourvu que ces dernières n'abdiquent rien de la matière noble et du tour de main traditionnels.

Effectivement, à quoi reconnaît-on la faïence de Rouen, si ce n'est à son décor immuable? Par quels autres détours que sa monotonie frappante la poterie berbère nous séduirait-elle? En revanche, l'économie dicte à la main-d'œuvre une rapidité d'exécution déplorable qui, pour le résultat, dégénère en pacotille.

Il faudrait donc sauvegarder certaines anciennes pratiques d'expressions riches en matière, patiemment résolues. Ce que nous avons dit pour la céramique s'applique à toutes autres réalisations du métal, du cuir, etc., et, quant au tapis d'Orient, nous ne le voyons guère affranchi de ses dessins invétérés, faute de faillir à sa valeur célèbre.

Le problème se pose ici comme pour la restauration des ruines. Viollet-le-Duc a créé le château de Pierrefonds plus qu'il ne l'a restauré, et mieux valait, sans doute, au point de vue du souvenir, respecter les pierres du passé. Car, à temps nouveaux, technique nouvelle, et il est préférable de soutenir des pierres branlantes que d'en échafauder de neuves. Consolidons donc les nobles pratiques de jadis plutôt que de les rénover. C'est à ce prix du métier ingénu, du façonnage individuel, de la matière largement employée et travaillée comme autrefois, que se maintiendra la saveur de l'art et de l'artisanat indigènes.

Du jour où les nègres suivront notre enseignement dans nos écoles, ils auront altéré leur nature. Sans compter que certaine école d'art moderne européen sur laquelle la vogue se pâme, de connivence avec les marchands qui ordonnent la beauté comme on cote les valeurs à la Bourse, pousserait de grands cris si l'art nègre se dépouillait de sa piquante ignorance!

Jugez-donc ! la Vénus noire descendue au niveau de la Vénus de Milo ! Quelle injure à la « sensation d'art » dont, maladivement, se gargarise la prétention.

Non, l'art nègre ne saurait être instruit sans perdre toute sa saveur intuitive, et, point davantage, la paillote de l'indigène, édifiée par un de nos architectes, ne gagnerait à son savoir.

D'où, pour tâcher de conclure, trois solutions à déterminer vis-à-vis de notre enseignement européen. Soit que l'on développe l'art indigène dans le sens de l'inspiration de son sol, s'il n'a point d'antécédents, soit que l'on veille scrupuleusement à l'entretien des moyens nobles d'exécution du passé d'après des modèles célèbres, ou enfin que l'on stimule une imagination stagnante, lorsque des types de beauté variée fourmillent à l'entour d'elle.

Au surplus, retenir l'artiste ou l'artisan autochtone chez lui, grâce à une décentralisation jalouse, et surtout l'entretenir de son art ancestral en se gardant bien, surtout, de l'étourdir avec les « bienfaits » de notre civilisation (1).

L'anecdote plaisante du négrillon, de pur ébène et nu comme un ver, ânonnant avec conviction, dans une petite école soudanaise : « Nos ancêtres les Gaulois... », répond au ridicule d'un vain nationalisme.

Envoyer sans plus tarder l'apprenti au vieil artisan indigène, gardien de la tradition de jadis, avant qu'elle ne se perde. De l'emploi poursuivi des matériaux d'origine, de leur qualité rudimentaire — et non de leur remplacement avantageusement économique — dépend, avec l'usage de l'outil vénérable au bout

---

(1) Une exposition récente a révélé la naissance d'un art chrétien sous les tropiques, dû à la conversion d'indigènes au catholicisme. M. G. Poulain y détaille, ainsi qu'il suit, des œuvres pour le moins singulières ! : «... Il y a là la crosse en bambou de Mgr Retord, vicaire apostolique du Tonkin, des bénitiers océaniens taillés dans des noix de coco, une Vierge de porcelaine qui fut une déesse de la Miséricorde qui porte un Enfant Jésus aux yeux bien bridés, et qui ressemble à Mme Chrysanthème, un Christ à visage chromolithographié assis dans une forêt vierge dans la posture de Bouddha, des calices chinois en émail cloisonné où le Rédempteur porte une barbe de samouraï, des scapulaires brodés par des Indiens, et un étonnant crucifix provenant de Zanzibar, où Jésus est doté d'un nombril aussi proéminent que celui des idoles les plus bizarres, de petits bras courts, et cependant d'un visage qui n'a rien de grimaçant, ni de caricatural... »

du tour de main religieusement maintenu, la persévérante beauté originale.

Il y aurait, par exemple, autant d'intérêt à conserver les expressions d'art des Touareg que celles des Maures. Les Touareg, qui sont d'origine berbère, demeurent fidèles à l'ornementation géométrique de leur race, et il faudrait consacrer un chapitre spécial à leurs objets en cuir (sacoches, outres, coussins, boucliers, etc.), à leurs bijoux, travaux de forge et de bois, si attachants. Les Maures, d'autre part, ceux notamment du Sahel soudanais, le disputent aux précédents pour l'agrément décoratif des ustensiles qu'ils destinent aux besoins de la vie courante. Leurs selles de chameaux, leurs différents sacs en peau, trousses, sachets à amulettes, géométriquement ornés, encore, de dessins imprimés au petit fer, d'appliques de cuir rouge finement découpé au rasoir, ou simplement colorés de vert et de noir, de rouge et de jaune, composent avec leurs bijoux incrustés d'argent, avec leurs écuelles et grands bols sculptés, avec leurs couteaux et poignards non moins délicatement présentés, un ensemble de grâce savoureuse digne d'être sauvegardée.

L'habileté la plus étonnante n'égale point la vertu, souvent, d'un coup de pouce. Telle gargoulette se flatte de porter les marques de la main qui a modela. C'est de l'esprit d'un point qu'une dentelle indigène se targue. Les tapis d'Orient ignorent la régularité des nôtres. Il n'est pas jusqu'aux lois de la perspective et de la composition décorative qui ne varient de l'Orient à l'Occident, et, ces différences comme ces nuances, sont autant d'agréments constituant la personnalité d'un peuple.

Ici l'on refrénera une habileté excessive au détriment de la sincérité (il y a des pays cependant, comme la Cochinchine, où l'habileté surprenante est à la base de l'art...), là on renseignera davantage la dextérité. Et puis, le travail de la matière, bois, métal, pierre, à moins qu'il ne s'agisse d'un tour de main rédempteur, relève de principes formels. Encore que la Renaissance ait travaillé contradictoirement la pierre — qu'elle cisela comme le métal, — après l'art gothique dont la dentelle, exagérée en sa troisième période d'expression, offensa — en principe — la technique propre à la pierre.

Mais ces erreurs sont loin pourtant, de condamner des chefs-d'œuvre.

L'adaptation, enfin, de la construction architecturale, non seulement au sol (qui se charge de ce soin, d'ailleurs, en ne produisant que les matériaux qui lui conviennent), mais encore au climat et aux mœurs, s'impose.

Ainsi avons-nous vu, au Pays noir, la construction en terre correspondre au régime sec et la paillote au régime pluvial; la vie nomade s'accommodant harmonieusement de la tente. Nous signalâmes, d'autre part, les fantaisies jouées par des colons français sur le thème architectural africain, et les diverses expressions franco-algériennes, franco-marocaines, franco-tunisiennes, vouées à la maison dans des pays où l'on ne pouvait inventer sans tenir compte de l'ancien style à accompagner.

Nous insisterons, maintenant, sur l'extension des écoles professionnelles de jeunes gens et de jeunes filles sous l'action française, en Algérie.

Les écoles de Bougie et de Saïda, notamment, destinées aux jeunes gens, sont arrivées à des résultats intéressants, en matière d'ébénisterie, de menuiserie, de dinanderie et de céramique; les jeunes filles n'étant pas moins favorisées dans la confection des tapis, des dentelles et des broderies, vis-à-vis du respect essentiellement dû aux traditions anciennes. Pourtant, l'objection de M. J. de la Nézière, enregistrée plus loin, relativement à un enseignement spécialement compétent dans les écoles, demeure à la base de résultats supérieurs.

Un cabinet de dessins (1), d'ailleurs, est chargé par l'administration universitaire algérienne de copier fidèlement les modèles du passé, et c'est sur ces modèles que travaillent tous les élèves. La Maison de l'Artisanat, créée il y a deux ans, à Alger, achève

---

(1) Les dahirs chérifiens ont aussi créé, à Rabat, des cabinets de dessins dont le rôle essentiel est d'établir un *corpus* des tapis marocains. Plusieurs volumes sont et seront consacrés ainsi à la documentation des artisans indigènes du tapis, et l'on se propose d'en faire autant pour la broderie, la céramique, le bois sculpté, etc.

de développer, d'encourager les arts indigènes, de les maintenir surtout et de les améliorer. Alger, la Maison-Carrée, Cherchell, Birkadem, Tlemcen (1), Oran et Constantine, excellent aussi dans la production des tapis algériens qui, peu à peu, se substituent aux tapis de Perse ou de Turquie, dont d'ailleurs l'Algérie, parallèlement, continue brillamment à reproduire la plupart des somptueuses variétés.

Les types locaux de Gouraya, Chellala, Boghar, etc. demandent d'autre part leur inspiration aux dessins anciens de l'Afrique du Nord, et c'est ainsi que le tapis berbère, au décor géométrique sobre et rectiligne, fabriqué en laine passée, continue à maintenir sa beauté à côté du tapis arabe, de haute laine et à points noués, aux tonalités éclatantes.

« C'est dans les petites industries, observe le docteur J. Legendre, au *Monde colonial*, à propos de l'influence arabe dans la boucle du Niger, que la civilisation arabe a laissé le plus d'empreintes. La selle à haut troussequin, le harnachement chargé de cuivres du cheval, les étriers qu'on chausse, sont incontestablement d'inspiration maure. Les gargoulettes ne sont que des alcarazas. Quand une poterie est décorée, elle l'est exclusivement avec des lignes, les êtres animés n'y sont jamais figurés. Il en est de même pour l'industrie peu développée du tissage et du cuir. Les pagnes de coton et les couvertures de laine, les coussins de cuir gratté ou plaqué de Dori, ne portent que des motifs linéaires, des arabesques. Les coussins de cuir particulièrement appréciés de Tenkodogo, partie Est du royaume Mossi, ne sont pas autrement ouvragés. Cette exclusivité de l'arabesque tend à disparaître sous l'influence des Européens demandant des motifs empruntés au règne animal. Cette transformation s'est déjà opérée par le travail du cuivre, Ouagadougou possède aujourd'hui deux artisans fabriquant avec cette matière des objets d'art représentant pour la plupart des animaux de la faune autochtone : phacochère, singe, caïman, etc. »

Au vrai, que les amphores de terre cuite, avec les gargoulettes

(1) Il vient d'être créé une Ecole officielle de tapis à Tlemcen, qui s'ajoute aux cours spéciaux pratiqués dans les écoles de filles indigènes.

et les calebasses qui constituent toute la vaisselle des indigènes de cette dernière région, soient revêtues de figurations d'animaux locaux, à cause de l'influence européenne, cela n'est point pour nous déplaire. Aucune altération n'en résultera, pour davantage de variété. Et, d'une manière générale, ainsi que nous le savons, si les anciens Musulmans, fidèles à la prohibition coranique, bannissent l'expression des figures animées, il faut rappeler aux jeunes Musulmans que leur religion défendit plus exactement les statues et surtout les représentations « faisant ombre ». Nous avons, au reste, cité des gravures rupestres dans le Sud-Oranais, où figuraient des animaux, et, de ces modèles uouveaux peuvent surgir des clartés nouvelles. Du côté de la peinture de tableaux (qui élargit le cercle des inspirations et nous ramène à la civilisation la plus éclairée), émules des Delacroix, des Chassériau, des Fromentin, des Dinet, des Besnard, voici que grâce à C. Jonnart, créateur de la villa Abd-el-Tif à Alger, nos jeunes artistes de France voient maintenant leur palette brûler d'autres feux dans le resplendissement de la lumière féerique.

L'École des Beaux-Arts d'Alger devient un foyer où se manifestent déjà les prémices d'une école algérienne de peinture riche en talents originaux. Ainsi l'Occident et l'Orient échangent-ils savoureusement leurs dons, pour enrichir toujours davantage le patrimoine d'idéal français.

Si nous nous transportons, ensuite, en Tunisie, nous y constatons des efforts similaires pour une restauration harmonieuse des formules locales de l'art mauresque, qu'il s'agisse d'orfèvrerie ou de dinanderie, de tissage de soie ou de laine, de maroquinerie, de sculpture sur bois ou sur plâtre.

L'importante industrie kairouannaise, la « Zerbia », est aussi fort encouragée par le gouvernement de la Régence. Celui-ci a créé un atelier moderne où les fameux modèles de tapis du passé — au point noué — ressuscitent dans toute leur préciosité, à la faveur, au surplus, d'une formation exemplaire d'ouvriers qui ont su maintenir et l'éclat et la solidité des couleurs anciennes.

De même qu'en Algérie encore, l'architecture tunisienne

moderne s'attache à conserver une saveur locale, et, dans toute l'Afrique du Nord, d'ailleurs, l'archéologie tend chaleureusement la main à l'art pour rappeler les créateurs au respect du passé.

En revanche, hélas ! au lendemain d'une longue campagne de fouilles en Syrie, on a signalé l'état lamentable dans lequel se trouvaient les malheureux témoins des exploits guerriers des Croisés ! Et il faut espérer que cette plainte sera entendue en faveur d'un pays aussi intéressant, au point de vue archéologique et touristique, que l'Égypte.

A quand les mesures urgentes qui s'imposent au déblaiement poursuivi des précieux monuments de la Syrie ? A quand l'expulsion des indigènes qui habitent et détruisent ses antiques châteaux ? A quand la suppression des habitations modernes à l'intérieur ou aux abords de ses ouvrages militaires ? (1) Si c'est dans le cimetière savamment entretenu des musées que la foi esthétique se développe (à condition toutefois que sur le passé mort on fasse toujours croître des fleurs fraîches), avant tout on doit s'attacher à préserver la beauté sur place.

Passons maintenant au Maroc, « au Maroc, pays neuf où tout a été conçu, tout a été réalisé d'après un plan d'ensemble soigneusement établi au préalable sur les bases les plus larges et les plus susceptibles de préparer un riche avenir ». « Au Maroc, dit encore M. le député P. Taittinger, à qui nous empruntons, des villes entières sont sorties du sol, dotées de tous les progrès modernes, coupées de voies larges avec des quartiers européens et des quartiers arabes qui se complètent sans se heurter ni se mélanger. On sent que dans ces régions, la civilisation, qui en était restée au XVe ou au XVIe siècle, a fait en une vingtaine d'années un bond formidable qui la met d'un seul coup à la hauteur de ce que nous voyons réaliser dans les pays qui passent pour marcher en tête du progrès... » Et l'auteur oppose à l'œuvre magistrale du maréchal Lyautey, l'Algérie qui, au contraire, a progressé peu à peu, suivant pas à pas les destinées de la France jusqu'à poursuivre son geste de beauté.

(1) Mais la mission Deschamps vient de s'employer résolument et victorieusement à cette tâche d'épuration générale.

C'est l'instant d'ouvrir une parenthèse relativement à la doctrine du maréchal Lyautey s'adressant à la collaboration des indigènes pour développer les arts, soutenir les artisans et leur procurer du travail.

Cette œuvre magistrale et exemplaire (1) se résume en la création de l'*Office des arts indigènes* au Maroc, en 1916, dirigé alors par l'excellent peintre J. de la Nézière.

L'*Office des arts indigènes* s'est intéressé, à ce jour, à dix-huit corporations d'art différentes. Il s'occupa initialement de rechercher les beaux modèles du passé, — d'où fondation de musées destinés à leur conservation, — et de conduire les artisans dans la voie traditionnelle sans contredire à l'évolution, mais en écartant cependant tout apport de style étranger ou moderne.

L'*O des A. I.* eut autant à cœur de rétribuer les essais et de stimuler leur essor en les vendant aux touristes, que de procurer des commandes (décoration des bâtiments officiels et particuliers) aux artisans. Point de crise d'apprentissage ainsi. Un exemple parmi tant d'autres, démontrera l'activité ingénieuse et féconde de cet important organisme. Il s'agissait notamment, de ne point laisser disparaître la peinture décorative au Maroc. On rechercha aussitôt un artiste indigène de cette spécialité. On en découvrit un qui, faute de travail, s'était fait cuisinier. Et bientôt, à l'école de ce dernier, revenu à ses pinceaux, sept ou huit peintres furent formés que de riches indigènes s'empressèrent d'employer. L'école de Meknès ainsi ressuscita.

Au Maroc, l'architecture fut aussi ordonnée avec mesure, et elle continue à se déployer avec tous les ménagements de la tradition du sol, mais en y adaptant généreusement les lois de l'urbanisme.

Dans les régions de Fez et de Marrakech, les maisons sont construites en briques, et en pierres du côté de Rabat. Elles relèvent de l'excellente technique d'autrefois que ne dément pas

---

(1) L'administration de l'Empire des Indes a demandé en 1918, au gouvernement du Maroc, un rapport sur les directives de l'*Office des arts indigènes* pour créer un service identique.

la qualité de la taille de la pierre dont témoignent les chapiteaux et les claveaux à pendentifs.

Même éloge pour la peinture décorative, utilisant au plafond, sur les portes et les frises, l'agrément frais des bouquets stylisés, mêlés à des rinceaux et à des entrelacs géométriques.

Peintures sommaires à la colle que la chaude patine d'un vernis de résine d'*arar* avantage.

Autres procédés ornementaux relatifs à la construction intérieure : le décor en *zéliges* ou en carrelages de faïence et la ciselure sur plâtre. Les céramistes marocains (ceux de Fez notamment, ont poursuivi la tradition hispano-mauresque sans défaillir, qui égale la célébrité des vases et plats de Rouen et de Delft) ne se montrent pas moins brillants embellisseurs qu'auparavant, dans leurs dallages et lambris précieusement composés de figures géométriques polychromes, rivalisant parfaitement de sourire avec les plafonds sculptés ou en mosaïque de bois si habilement combinée.

Quant à la ciselure sur plâtre, cependant, il y aurait intérêt à combattre davantage encore les contrefaçons économiques que l'on en a fait, car, de nos jours, le style néo-marocain se contente parfois de moulages susceptibles de ruiner une spécialité fort originale. On sait l'habileté de cette dernière à fouiller le plâtre frais et à y ciseler à main levée, comme au hasard de l'inspiration, les détails floraux ou géométriques les plus fins.

Du côté des tissus, la valeur technique n'a point déchu. Les costumes, manteaux et châles de laine, les ceintures et haïks de soie, sont travaillés sur le métier avec autant de goût qu'autrefois, et, pareillement, les soins artistiques qui président aux arts du cuir, du tapis et des nattes, ne décroissent pas.

Toute cette sellerie, toutes ces passementeries et maroquineries si virilement traitées dans le passé, persévèrent aujourd'hui. Leur accent pittoresque et éclatant n'a point démérité, non plus que les tapis à très haute et très grosse laine dits tapis berbères, non plus que les tapis à laine courte fabriqués à Rabat et aux environs de Marrakech.

L'habileté des menuisiers marocains, dont les charpentes

d'art sont remarquables, pourrait clore le chapitre de l'artisanat favorisé au Maroc avec l'activité la plus féconde, mais encore faut-il associer à nos louanges les belles nattes de jonc de Salé. Ces nattes dont la blancheur s'égaie de décors rouges, noirs et verts, touchent aux tapis par la souplesse et le chatoiement, non moins que les curieuses nattes d'alfa du Maroc oriental et celles que les tribus Zaïrs et Zemmours mêlent de laine.

Cette laine dont sont cousues, concurremment avec du poil de chèvre ou de la bourre de palmier nain, les longues et larges bandes qui zèbrent si originalement les tentes des pasteurs du Moyen Atlas; ces bandes rectilignes que l'on semble retrouver dans le style des poteries berbères au nom du principe géométrique qu'elles adoptèrent si heureusement.

Et puis, l'on n'en finirait point de vanter les efforts réussis de nos services des Beaux-Arts au Maroc, dans l'orfèvrerie et le bijou. Agrafes, boucles de ceinture, boucles d'oreilles, etc., modernes, s'ingénient à conserver dans le poids et la rudesse de la matière noble, dans l'éclat mâle des pierres, la superbe du passé. Orfèvrerie, bijouterie sans mièvrerie celles-là, que le guerrier farouche dispute à sa compagne et dont il ornait autrefois sa victoire comme son amour.

Si nous nous tournons maintenant vers la renaissance des arts en Extrême-Orient (1), nous n'éprouvons pas moins de satisfaction, et, à côté du succès de l'École supérieure des Beaux-Arts d'Hanoï, dont nous avons parlé, il faut mentionner l'importance dans la même ville, d'une école professionnelle transformée en école des Arts appliqués, semblable à celle de Gia-Dinh, ainsi que les écoles de Bien-Hoa et de Thu-Dan-Mot, entre autres, en Cochinchine. Ici, encore, confiés à des professeurs français, les arts indigènes ne manquent pas d'être enseignés avec tout le tact qu'ils comportent.

Ces écoles s'adressent aux divers arts du bronze, de la céramique, du meuble, de la dentelle et de la broderie. De style

---

(1) Un service officiel, semblable à celui qui fonctionne au Maroc, est chargé de l'encouragement et du développement des arts indigènes en Indochine.

néo-chinois, ces statuettes et vases, ces coupes et toutes ces pièces de table où la lumière se joue dans la fragilité; de style néo-chinois encore, ces légers supports et tables en menuiserie et ces fins réseaux voués à la coquetterie féminine. Mais on s'attache, dans ces écoles, à tempérer, chez les jeunes apprentis, le manque de sobriété, le goût pour l'habileté triomphant aux lieu et place de l'étude, le dévergondage enfin du ciseau qui déchiquette excessivement la matière au détriment des surfaces de repos.

A Hadong, au Tonkin, la fabrication des nattes en jonc, dites nattes de Chine, n'est pas moins dirigée avec goût. Sans oublier qu'au Cambodge, où toute tradition artistique semblait éteinte, on a réussi à ranimer la flamme du passé. Partout enfin, dans nos colonies, notre art sans commander, surveille, ordonne aux esthétiques diverses dans la voie qui fit leur gloire.

Il ne faut pas oublier que les Japonais appelés au Tonkin pour enseigner aux Annamites l'art de la porcelaine, empêchèrent les ouvriers annamites de les regarder travailler au moment intéressant de la fabrication et que ce fut sur l'initiative de la France que des Annamites furent envoyés à Limoges pour s'y instruire. Or, à leur retour, ces Annamites fondèrent des usines avec des capitaux français.

Il n'est pas jusqu'à la Guyane, — pays plutôt défavorisé, — qui ne commence à s'émouvoir esthétiquement. On aurait même distingué, parmi de récents travaux d'ébénisterie sculptée et incrustée, au mépris de toute copie, un style guyanais. Et déjà des chaises en bois particulier au sol, tendraient à rivaliser avec nos meubles parisiens du faubourg Saint-Antoine.

Excellente émulation commerciale à joindre à l'effort précédent d'une ébénisterie originale, d'ordre artistique. Et l'initiative française ne s'est point bornée là. Une industrie nouvelle vient d'être créée en Guyane, celle de l'incrustation sur écaille de tortue, source d'une beauté riche en adaptations. Sans compter cette autre idée, personnelle à notre île d'Amérique, d'enduire d'un produit végétal des tuiles et des carreaux d'argile pour une révélation de couleur fort seyante.

Tâche périlleuse que celle de combattre la décadence du beau métier ancestral sous l'abêtissement du mercantilisme ! Tâche superbe que celle de s'adapter au génie de civilisations contraires, sans verser dans la suffisance du conquérant qui impose un esprit, une manière égoïstes ! Tâche sacrée, enfin, que celle d'accorder sa pensée et son cœur avec l'humanité que l'on domine, non pour la rabaisser, non pour lui infliger une leçon de mœurs, mais pour favoriser, dans la quiétude confiante, ses élans vers l'idéal qui l'imprègne !

Or, pour toucher ce but, il faut encore et toujours lutter contre la cupidité qui fatalement engendre la paresse de produire et borne aussi le désir de perfection. D'autres poisons non moins pernicieux sont versés à l'artisan indigène, tels que la curiosité trop rapidement satisfaite du touriste, tels que la « cocasserie » suffisamment attrayante... Toute nouveauté porte en soi sa séduction au delà de l'admiration raisonnée, et les conseils perfides de l'économie ont tôt fait, hélas ! de consoler l'art de n'être qu'une bonne affaire.

Il importe, enfin, ne point détourner l'enseignement des compétences.

Sur ce point, nous ne saurions mieux conclure qu'en empruntant à M. J. de la Nézière, les lignes suivantes. Après avoir vanté les efforts fructueux de l'initiative officielle au Maroc et en Indochine, tant pour recueillir les beaux modèles que pour constituer des collections, encourager les différents corps de métiers et favoriser le bénéfice du travail, l'ancien chef de l'*Office des arts indigènes* au Maroc regrette que les autres colonies françaises « par routine ou par indifférence, aient cru suffisant d'abandonner l'éducation artistique aux représentants de l'enseignement primaire ». « Ceux-ci, poursuit l'auteur, malgré toute leur bonne volonté, « n'avaient pas la préparation nécessaire « pour mener à bien une pareille tâche, plutôt faite pour des « artistes que pour des instituteurs. Aussi les résultats ont-ils « été négatifs. »

« Ce qu'il faudrait, conseille avec autorité M. de la Nézière, c'est établir un programme complet et rationnel pour le retour aux métiers d'art, en tenant bien compte des tendances et des traditions de chaque pays. »

Il incombait à la France, patrie de l'art et du goût, d'enrayer la moindre défaite. Elle n'y a point failli, elle n'y faillira pas. A tous les bénéfices que nous avons précédemment signalés — et nous en oublions ! — s'ajoutent es prix et les bourses que la Métropole délivre à ses artistes, dans un geste à la fois généreux et productif.

C'est ainsi que la *Société coloniale des artistes français*, activement présidée par M. Henry Bérenger, c'est ainsi que la *Société des peintres orientalistes français*, mettent les joyaux de l'autre France à la portée des prémices du talent. Et voici, décernés aux artistes, après les bourses d'études dues au *Gouvernement général de l'Algérie*, les prix : « Louis Dumoulin », pour l'*Algérie* encore (fondation de la *Société coloniale des artistes français*, du gouverneur général de l'Algérie et de la municipalité de Constantine), du *Maroc* (fondé par le maréchal Lyautey), de la *Tunisie* (fondation Lucien Saint, résident général), de l'*Afrique occidentale* (fondé par Merlaud-Ponty, ancien gouverneur général), de l'*Afrique équatoriale* (réorganisé par M. Antonetti, gouverneur général), de *Madagascar* (fondé par H. Garbit, réorganisé par M. Marcel Olivier, ancien gouverneur général de la Grande Ile et l'éminent délégué général près du haut commissaire de l'*Exposition internationale coloniale de Paris* (1931), de l'*Indochine* (réorganisé par M. Merlin, gouverneur général).

Sans oublier un *prix Lyautey*, à l'Académie des sciences coloniales, pour encourager l'œuvre des artisans au Maroc, un *prix des arts du théâtre*, pour l'auteur (architecte, artiste décorateur, etc.) d'une manifestation artistique ayant un caractère colonial (théâtre, musique, chorégraphie, etc.), et un *prix des arts décoratifs*, pour récompenser une œuvre inspirée des arts de nos colonies ou des procédés de fabrication employés par les artisans indigènes.

D'autre part, à un *prix d'archéologie* attribué à l'auteur de l'œuvre la plus intéressante relative à l'art colonial, s'ajoute l'intérêt d'un *prix d'architecture* pour un ouvrage traitant des monuments anciens de notre empire d'outre-mer. Tandis que, de leur côté, les Compagnies générales transatlantique et de navigation mixte (à Marseille), ainsi que la Compagnie Paquet, se sont empressées d'accorder des parcours gratuits, soit de Bordeaux à Casablanca (pour la première de ces Compagnies, offrant au surplus, aux heureux bénéficiaires, la jouissance d'ateliers à Marrakech, Fez, Mecknès, etc.), soit de Marseille à Tunis ou de Port-Vendres à Oran, aux artistes toujours désignés par le jury de la *Société coloniale des artistes français*.

Pour couronner enfin, cette généreuse distribution de lauriers (1), qui astreignent logiquement les lauréats à un séjour au cours duquel ils enseigneront, contre rétribution, le dessin et la peinture, nous mentionnerons le *prix du Ministère des colonies* et les bienfaisants concours organisés dans nos diverses possessions par la *Société d'encouragement à l'art et à l'industrie*, en vue de stimuler les efforts esthétiques dans a tradition indigène, sans en altérer l'originalité.

Notre tâche ne serait point close si nous n'insistions sur le charme et la grandeur touristiques de notre autre France. Tandis que les artistes iront s'y imprégner de lumière pour renouveler leur vision et la fortifier, le voyageur devra, de même, varier le paradis de ses rêves, accroître son culte de la patrie au spectacle de son extase prolongée.

La France, enrichie de ses colonies, dispense à la fois tous les ciels et toutes les sensations de nature. On ne le sait point encore assez chez nous. Notre idéal, facilement borné à des réalités sédentaires, plane trop aisément sur ses habitudes. Les fleurs de notre jardinet suffisent excessivement à son parfum, et notre soif de l'inconnu s'étanche exagérément vite.

Or, les moyens de locomotion développés, accrus — l'aviation ignore aujourd'hui la distance — mettent nos radieuses colonies à la moindre portée de nos désirs et de notre curiosité. Aussi bien, la Grande France s'honore de porter sur son sol la trace de toutes les civilisations qu'elle semble avoir mûries avec tous leurs arts,

---

(1) Un prix *de la Guadeloupe* (fondé par M. Henry Bérenger) et un prix des *Annales coloniales*, sont venus s'ajouter, récemment, aux précédents.

avec tous leurs fruits. La flore et la faune n'y sont pas moins largement représentées que la sylve, et ses rivages, baignés par toutes les mers, sont autant de visages divers reflétés dans le plus pur miroir des lacs, des fleuves et des rivières.

Les paysages de la Grande France s'offrent, ainsi, sous les aspects les plus différents, du riant au sévère, du joli au beau, de la grasse fertilité à l'aridité farouche. Ses sites invitant, tour à tour, à la douce rêverie et à la mélancolie, ses monuments chantant, dans la majesté ou dans le charme, toutes les gloires esthétiques à la fois ! Quelle occasion donc, au spectacle de tant de beautés étalées, de diversifier son propre génie et de l'orienter !

Mais, l'*Exposition coloniale internationale* de Paris mettra, en 1931, toutes ces merveilles au soleil. Elle les situera au mieux du goût et du possible dans leur cadre vrai ou figuré. Elle comblera enfin, les moindres aspirations idéales et les besoins les plus exigeants de l'industrie et du commerce, en portant à la connaissance ou en éclairant davantage les lumières d'une avidité aussi légitime que nécessaire et profitable. Pour nous en tenir aux satisfactions de l'art, celles-ci trouveront tout au moins, au spectacle des splendeurs architecturales coloniales ébauchées ou des étonnements sensationnels balbutiés, l'amorce de l'admiration sur place. La qualité inédite, ou seulement ingénieuse, des expressions de l'artisan indigène pouvant être, d'autre part, la source de suggestions comme d'échanges féconds au renouvellement de l'idée. Des innovations matérielles naissant au gré de perfections envisagées. Du bien-être s'imaginant à la vue de l'exemple laborieux. Une collaboration s'établissant enfin, plus étroite, entre les cœurs qui battent en français.

Du côté enseignement, les artistes-professeurs de la Métropole étudieront à cette Exposition, les moyens de se rendre exactement utiles à la jeunesse coloniale dont il ne faut ni sous-estimer ni brusquer les efforts ingénus, mais renseigner la mentalité dans le sens de l'atavisme.

Qu'ils ne confondent point surtout, ces artistes-professeurs, l'audace avec l'ignorance ! Chez les primitifs, il y a bien des leçons de sincérité à prendre. Et, c'est au contact de la naïveté que souvent l'on mesure le néant du savoir et qu'on le renouvelle.

Créer des débouchés à l'art appliqué doit être aussi à la base de nos soucis de beauté épanouie. D'un « matériau » nouveau jaillit une idée nouvelle, et nos colonies débordent de matériaux inédits à exploiter. Un contour, une ligne inconnus, nous feront entrevoir des embellissements imprévus pour nos aises, pour la joie de nos yeux, et nos colonies exultent de silhouettes inspiratrices.

Voilà la tâche qu'ont assumée avec une rare autorité le maréchal Lyautey, commissaire général de l'*Exposition coloniale internationale de Paris*, et le délégué général Marcel Olivier, son digne collaborateur. En servant le génie de nos artistes et de nos savants, en entraînant l'industrie et le commerce hors les sentiers battus de la France vers l'autre France, ils nous ménagent à la fois une leçon de beauté et une aubaine économique. Autour du succès qui attend cette vaste entreprise, ils auront soudé davantage encore les molécules de la Patrie.

TABLE DES GRAVURES

1. — ALGÉRIE. Gravure rupestre de Tiout 12
2. ALGÉRIE. Port barbaresque et mosquée de la Pêcherie (XVIe siècle), à Alger 13
3. MAROC. Ruines romaines de Volubilis 14
4. MAROC. Ruines romaines de Volubilis 15
5. TUNISIE. Temple de Coelestis, à Dougga 16
6. TUNISIE. Mausolée de Dougga 17
7. TUNISIE. Les trois grâces et les quatre saisons, bas-relief romain 18
8. TUNISIE. Amphithéâtre d'El Djem 19
9. ALGÉRIE. Arc de triomphe de Timgad 20
10. ALGÉRIE. Amphithéâtre de Timgad 21
11. TUNISIE. Triomphe de Bacchus, mosaïque (Sousse). 22
12. TUNISIE. Grand arc de triomphe de Sbeitla 23
13. ALGÉRIE. Tombeau de la Chrétienne 24
14. ALGÉRIE. Mosaïque de la basilique chrétienne de Matifou 26
15. MAROC. La tour Hassane 28
16. ALGÉRIE. Mosquée de Sidi-bel-Hassene 30
17. ALGÉRIE. Porte Ximénès (XVIe siècle) 31
18. ALGÉRIE. Rue de la Kasba, à Alger 32
19. TUNISIE. Maisons à Médenine 34
20. TUNISIE. Tozeur 35
21. TUNISIE. Maisons à Tozeur 36
22. TUNISIE. Tunis 37
23. TUNISIE. Mosquée de Djerba 39
24. MAROC. Mosquée d'Oudjda 40
25. ALGÉRIE. Cour de la grande mosquée d'Alger 41
26. ALGÉRIE. « Mihrab » de la grande mosquée d'Alger. 42
27. MAROC. Décoration du « mihrab » de la médersa Cherratine, à Fez 43

28. — Tunisie. Vestibule d'entrée de la mosquée du Barbier, à Kairouan 44
29. — Tunisie. Intérieur de la précédente mosquée 45
30. — Tunisie. Intérieur de la précédente mosquée 46
31. — Algérie. Place et mosquée de Tolga 47
32. — Algérie. Intérieur de la mosquée de Tolga 49
33. — Maroc. Tombeaux saadiens, à Marrakech 50
34. — Maroc. Tombeaux saadiens, à Marrakech 51
35. — Maroc. Tombeaux saadiens, à Marrakech 52
36. — Tunisie. Une koubba à Zénaga 53
37. — Tunisie. Un stuc du palais de Kassar-Saïd 54
38. — Algérie. Palais d'été, à Alger 60
39. — Algérie. Jardins et colonnades du palais Hadj-Ahmed, à Constantine 61
40. — Maroc. Porte maure, à Fez 62
41. — Maroc. Une porte de la Bahia, à Marrakech 63
42. — Algérie. Palais d'été 64
43. — Algérie. Palais d'été 65
44. — Algérie. Palais d'été 66
45. — Tunisie. Intérieur d'une riche maison arabe moderne 67
46. — Tunisie. Faïences du patio de l'Institut des Arts et Métiers 68
47. — Maroc. Fenêtre en bois sculpté et fer forgé (Fez) 69
48. — Maroc. Bois sculpté et « zéliges » 70
49. — Tunisie. Intérieur de la maison de Kasnadar Bardo 71
50. — Tunisie. Intérieur d'une maison arabe, à Sfax 72
51. — Tunisie. Maison du marin (Dahr el Bahri), près Tunis 73
52. — Algérie. Porte de la kasba d'Alger 77
53. — Tunisie. Vue de Djerba 78
54. — Maroc. Médersa Ben Youssef, à Marrakech 79
55. — Maroc. La porte des Oudaïa, à Rabat 80
56. — Maroc. Détail de la porte El Rouah, à Rabat 81
57. — Maroc. Porte Bal-el-Mansour, à Meknès 82
58. — Maroc. Médersa Bou Anania, à Fez 83
59. — Maroc. Fondouk N' Djarine, à Fez 84
60. — Maroc. Enceinte de Fez 85
61. — Maroc. Médersa de Salé 87
62. — Maroc. Tapis de Salé 88
63. — Maroc. Tapis berbère 89

TABLE DES GRAVURES

64.	— Tunisie. Brodeur arabe......................	90
65.	— Tunisie. Meubles modernes....................	91
66.	— Algérie. Ensemble d'art décoratif, Constantine...	93
67.	— Algérie. Ensemble d'art décoratif	95
68.	— Maroc. Poteries berbères du Zérhoun...........	96
69.	— Maroc. Céramique berbère....................	96
70.	— Maroc. Faïences..............................	97
71.	— Algérie. Poteries kabyles.....................	97
72.	— Algérie. Bijoux indigènes.....................	98
73.	— Maroc. Bijoux de Meknès	99
74.	— Maroc. Écharpe brodée, de Fez................	101
75.	— Algérie. Oasis de Colomb-Béchar..............	103
76.	— Dahomey. Intérieur du « tata » du chef Aho-Glélé.	106
77.	— Soudan. Cases indigènes......................	107
78.	— Haute-Volta. Village d'un chef de canton......	108
79.	— Haute-Volta. Un jeune Gouan devant sa case...	109
80.	— Soudan. Falaise de Bandiagara, greniers à mil....	110
81.	— Haute-Volta. Un quartier indigène à Bobo-Dioulasso...................................	111
82.	— Haute-Volta. Mosquée de Bobo-Dioulasso......	112
83.	— Guinée. Mosquée de El Hadj Omar, à Dinguiray.	113
84.	— Haute-Volta. Un village bobo	115
85.	— Haute-Volta. Une maison à Bobo-Dioulasso.....	116
86.	— Haute-Volta. Village indigène de Bobo-Dioulasso.	117
87.	— Cote d'Ivoire. Maison d'un notable............	118
88.	— Soudan. Artisans indigènes à Niafunké..........	119
89.	— Haute-Volta. Une case de fétiches dans le pays gouan..	121
90.	— Dahomey. Tombe du roi Guézo, à Abomey.......	123
91.	— Soudan. Tombeau d'Askia-le-Grand, à Gaô......	125
92.	— Haute-Volta. La Résidence, à Kaya (archit. néo-africaine)...................................	127
93.	— Soudan. Vue générale de Tombouctou............	129
94.	— Dahomey. Bas-reliefs du palais des rois, à Abomey	137
95.	— Dahomey. Le Dieu de la guerre, statue en fer (détail)	139
96.	— Dahomey. Siège royal, bois sculpté et peint........	141
97.	— Guinée. Tabouret de prince....................	143
98.	— Madagascar. Palais de la reine, à Tananarive....	146
99.	— Madagascar. Tombeaux royaux, à Tananarive....	147
100.	— Madagascar. Tombeau d'un premier ministre....	149

TABLE DES GRAVURES

101.	— Madagascar. Tombeau d'un chef................	150
102.	— Madagascar. Case betsimisaraka................	151
103.	- Madagascar. Sculpture indigène, en bois.........	152
104.	— Madagascar. Tombeau malgache...............	153
105.	- Madagascar. Paysage.......................	154
106.	- Madagascar. Sculpture d'un bois de lit..........	155
107.	- Madagascar. Case d'Andrianapoinimérina, à Tananarive...	157
108.	— Madagascar. En filanzane, sculpture sur bois	159
109.	- Madagascar. Éventail.......................	160
110.	- La Réunion. Plage de Manapany..............	162
111.	-— La Réunion. Maison créole..................	163
112.	-— La Réunion. Vue des hauteurs de la rivière Saint-Étienne...	165
113.	- Syrie. Fragment d'une frise (Baalbeck)..........	170
114.	- Syrie. Arc de triomphe de Palmyre............	170
115.	- Syrie. Bas-relief de Palmyre...................	171
116.	— Syrie. Le Krak des chevaliers	172
117.	- Syrie. Sculpture hittite......................	173
118.	- Grand-Liban. Palais de Beit-ed-Dine...........	174
119.	— Syrie. Notre-Dame de Tartous................	175
120.	— Syrie. Grande mosquée de Damas.............	176
121.	- Syrie. Grande mosquée de Damas, vue intérieure..	177
122.	- Syrie. Porte de la citadelle d'Alep.............	178
123.	- Syrie. Tour d'angle de la citadelle d'Alep........	179
124.	- Syrie. Citadelle d'Alep	180
125.	-— Syrie. Grande mosquée d'Alep.................	181
126.	-— Syrie. Khan d'Alep..........................	182
127.	— Liban. Coffre ancien........................	183
128.	— Liban. Coffre ancien........................	183
129.	- Syrie. Une porte, à Damas	184
130.	- Inde. Salle des mille colonnes, à Chellambrum....	186
131.	— Inde. Idoles, à Ariancoupan..................	187
132.	- Inde. Pagode d'Iswara, à Pondichéry...........	188
133.	- Inde. Pagode de Chichoubabu, à Chandernagor....	189
134.	- Inde. Ancienne porte de Pondichéry............	190
135.	— Inde. Sculpteurs et doreurs de statuettes........	191
136.	— Inde. Sièges pondichéryens (Louis XIII)........	192
137.	— Inde. Table-console pondichéryenne (Louis XIV).	193
138.	— Inde. Commode pondichéryenne (Régence).......	195

TABLE DES GRAVURES

139.	INDE. Sièges, glace, etc. pondichéryens (Louis XV)..	196
140.	INDE. Meubles pondichéryens (Louis XVI)........	197
141.	INDE. Salle de réunions, à Pondichéry (style néo-indien)..	199
142.	INDE. Décor d'un plafond (style néo-indien)......	200
143.	INDE. Chapiteaux et poutres sculptés (style néo-indien)..	201
144.	INDE. Un potier.............................	203
145.	TONKIN. Portique d'entrée de la pagode des Dames, à Hadong...................................	207
146.	TONKIN. Portique d'entrée de la pagode des Corbeaux, à Hanoï..............................	208
147.	TONKIN. Le bassin dans la pagode de Confucius, à Hanoï.......................................	209
148.	ANNAM. Porte d'entrée du « Co Mât »...........	210
149.	TONKIN. Portique d'entrée de la grande pagode de Huong-Tich..................................	211
150.	TONKIN. Pagode de Lien-Phai, à Hadong........	212
151.	CAMBODGE. Bas-relief, à Angkor-Vat.............	213
152.	CAMBODGE. Angkor-Vat, massif central..........	214
153.	CAMBODGE. Angkor-Vat, aspect de la galerie......	215
154.	CAMBODGE. Angkor-Vat, une cour...............	216
155.	CAMBODGE. Angkor-Vat, tour d'angle et tour centrale..	217
156.	CAMBODGE. Angkor-Vat, porte principale d'une cour.	219
157.	CAMBODGE. Angkor-Vat, autre aspect............	221
158.	TONKIN. Entrée du village de Duong-Lieu........	222
159.	TONKIN. Habitation annamite, à Hadong.........	223
160.	TONKIN. Tombeaux de bonzes, à Hadong........	225
161.	TONKIN. Un vieux pont chinois, à Bac-Ninh......	227
162.	COCHINCHINE. Bords de rivière, à Thu-Duc.......	229
163.	CAMBODGE. Pagode de Pnom-Penh..............	231
164.	TONKIN. Statuettes de bois, de la pagode des Dames, à Hadong...................................	233
165.	TONKIN. Meubles, bronzes, etc. de l'autel des ancêtres, à Hanoï..............................	235
166.	TONKIN. Les génies (pagode de Lim, à Bac-Ninh)..	236
167.	TONKIN. Statuettes annamites...................	237
168.	CAMBODGE. Bas-relief d'Angkor-Vat	239
169.	CAMBODGE. Bas-relief d'Angkor-Thom	241

170. —	Cambodge. Bas-relief d'Angkor-Vat	243
171. —	Tonkin. Brodeurs annamites	245
172. —	Tahiti. (Archipel de). Tombeau du roi Pomaré V, à Papeete	248
173. —	Tahiti. Une case indigène	249
174. —	Tahiti. (Archipel de). Maison commune	251
175. —	Tahiti. Tête (sculpture)	252
176. —	Iles Sous le vent. Un paysage, à Raiatéa	253
177. —	Iles Sous le vent. Un village dans l'île de Tahaa	255
178. —	Iles Marquises. Statue	258
179. —	Iles Marquises. Statuettes en bois	259
180. —	Iles Marquises. La plage de Puamau	260
181. —	Iles Marquises. Idole	261
182. —	Nouvelle-Calédonie. Une hutte indigène	263
183. —	Nouvelle-Calédonie. Masque de danse	264
184. —	Nouvelle-Calédonie. Un banian	265
185. —	Nouvelles-Hébrides. Fétiche canaque	268
186. —	Nouvelles-Hébrides. Idole en racine de fougère arborescente	269
187. —	Nouvelles-Hébrides. Grand poteau de case, bois sculpté	269
188. —	Nouvelles-Hébrides. Une école	270
189. —	Nouvelles-Hébrides. Masque	271
190. —	Guadeloupe. Idole caraïbe ancienne	275
191. —	Guadeloupe. Collier, bracelet caraïbes anciens	277
192. —	Guadeloupe. Le Hameau du Bananier	279
193. —	Guadeloupe. Cascade en forêt	281
194. —	Guadeloupe. La rue Vatable, à Pointe-à-Pitre	282
195. —	Guadeloupe. Plage de Deshaies	283
196. —	Martinique. Le bourg de Case Pilote	285
197. —	Martinique. La rivière Levassor	287
198. —	Martinique. Le bourg de Schoelcher, ou « Case Navire »	289
199. —	Guyane. La forêt	291
200. —	Guyane. Ustensiles en bois des Bonis et des Saramakas	293
201. —	Guyane. Type de case-abri, à Montjoli	295
202. —	Guyane. Un fromager	296
203. —	Saint-Pierre et Miquelon. Un village de pêcheurs	297

TABLE DES MATIÈRES

Préface		VII
Chapitre	I. — Généralités sur l'art dans l'Autre France.	1
—	II. — L'Art africain : Algérie, Maroc et Tunisie	9
—	III. — L'art africain : Algérie, Maroc et Tunisie (suite)	59
—	IV. — L'Art africain : au Pays noir	105
—	V. — L'Art malgache	145
	L'Ile de la Réunion	161
—	VI. — L'Art asiatique : Syrie et Liban	169
	L'Inde française	185
—	VII. — L'Art asiatique (suite) : l'Indochine (Extrême-Orient)	205
—	VIII. — L'Art océanien : Archipel de Tahiti	247
	Iles Marquises	257
	Nouvelle-Calédonie	262
	Nouvelles-Hébrides	267
—	IX. — L'Art américain : Guadeloupe	273
	Martinique	285
	Guyane française	290
	Saint-Pierre et Miquelon	296
—	X. — L'Art indigène aux colonies françaises	299

Paris (France). — Imp. PAUL DUPONT (Cl.). 117.11.30.

www.ingramcontent.com/pod-product-compliance
Lightning Source LLC
Chambersburg PA
CBHW060338170426
43202CB00014B/2811